「保育環境」には，「モノ環境」「自然環境」「社会的環境」などがあります。それぞれの環境が組み合わされて「保育環境」がつくられています。それぞれの環境に関する専門的な知識を学んでください（「領域に関する専門的事項（幼児と環境）」に対応）。そのために書かれたのが，第Ⅰ部です。

第Ⅱ部では，第Ⅰ部で学んだ専門的な知識を，実際の保育にどのように生かすのかを考えます（保育内容「環境」の指導法」に対応）。知識の生かし方に正解はありません。この本に書かれたアイデアを参考にしながら，自分なりのアイデアをどんどん出していってください。そうすると，保育が楽しくなってくるはずです。

みなさんが「自分のやりたいこと」を確かめる。そのために，この本を使ってください。

2020年11月

編著者を代表して　久保健太

もくじ

第５章　社会とのかかわりを通して生まれる育ち（学び）

第Ⅱ部　保育内容（領域「環境」）の指導法

第６章　保育における「領域」の意義と領域「環境」のねらい及び内容

第７章　乳児保育における「環境」とのかかわり

第8章 モノとのかかわりを支える保育の展開

第9章 自然とのかかわりを支える保育の展開

第10章 社会とのかかわりを支える保育の展開

第11章 領域「環境」と小学校教育のつながり

第12章 環境における現代的課題と保育

第13章　共に環境を創造する「創り手」としての子ども・保育者・保護者の育ち合い

各章扉写真提供：お茶の水女子大学こども園・港北幼稚園・小西貴士・奈良教育大学附属幼稚園・鳴門教育大学附属幼稚園・広島大学附属幼稚園・広島大学附属三原幼稚園・ゆうゆうのもり幼保園・和光保育園

第Ⅰ部

保育内容（領域「環境」）の専門的事項

第 1 章

子どもを取り巻く環境

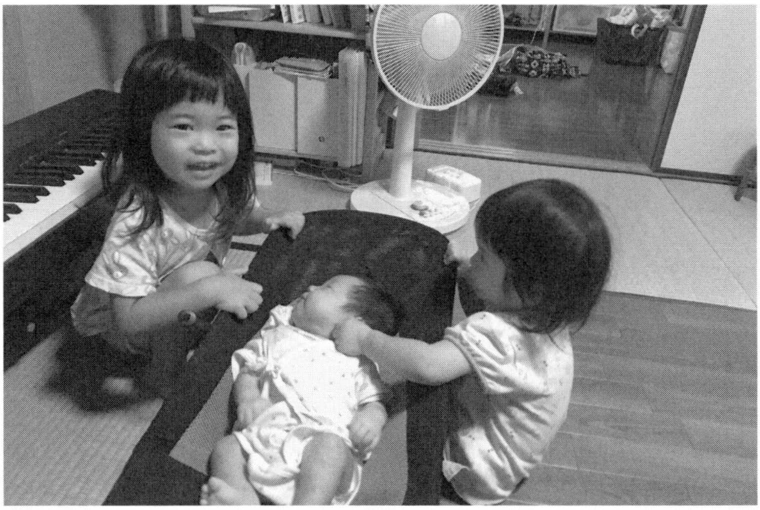

上の写真は，０歳の弟を真ん中にした，３歳と１歳のお姉ちゃんたちの写真です。人間をとりまく環境にはどのような種類の環境がありますか？この写真も参考にしながら，まずは各自で自由に考えて，自分なりの答えを３つ挙げてください（およそ３分）。その後，どのようなものが挙がったかを，周囲の３～５人の人たちで伝え合ってください（およそ５分）。最後に，クラス全体で発表してください。

どんな種類の環境が挙がりましたか？　弟が生まれるというのは，大きな環境の変化ですね。本章では，それを「ヒト環境」という言葉で解説しています。また，ピアノや扇風機があることは「モノ環境」です。とはいえ，それぞれの子にとって，モノの意味は違います。その点は「情報環境」という言葉で解説しています。

上の分類は本章で行っている分類の仕方ですが，着眼の仕方の数だけ，環境の分類の仕方はあります。本章の内容を参考に，環境への着眼の仕方を磨いていってください。

保育環境は，子どもと一緒につくっていくものです。その際，子どもの興味・関心に応じて，保育環境を工夫することは大事です。加えて，子どもの発達や人間関係の変化に応じて，保育環境を工夫できるようになってくると，保育がさらに楽しくなってきます。

本章では「主体的な子どもたちが育つために」という目標のもと，保育環境を工夫していったＫ保育園の2019年度の取り組みを紹介しながら，「子どもの発達に応じた環境の工夫」について考えていきます。

1　子どもを取り巻く環境って？

Ｋ保育園では，保育をする中で困っていること・悩んでいることを，2019年度のはじめに，挙げてみました。

「なかなか子どもたちが眠れない」「隣にいるだけなのに，友達に噛みついてしまう」「大きな声を出すのが楽しいみたい」「異年齢保育って難しい」など各クラスからいろいろな意見が出てきました。

「これらの原因は何？」というところから考え始め，「保育室内の環境構成が関係しているのではないか？」という意見が上がりました。

Ｋ保育園では，まず，保育室内のモノ環境について考え，工夫することにしました。

とはいえ「モノ環境」とはなんでしょう？　保育環境には「モノ環境」と「ヒト環境」があります，などとよく言われますが「モノ環境」とはなんでしょう？　そこで，Ｋ保育園は，次の Work 1 から話し合いを始めました。

Work 1

子どもを取り巻く環境のうち，保育室内のモノ環境には，どのような環境があるでしょうか。
正解はありません。まずは各自で自由に考えて，自分なりの答えを３つ挙げてください（およそ３分）。
その後，どのようなものが挙がったかを，周囲の３～５人の人たちで伝え合ってください（およそ５分）。
最後に，クラス全体で発表してください。

みなさんのグループやクラスでは，どのような環境が挙げられましたか？　K保育園では，多くの環境が「モノ環境」の例として挙げられました。以下，その一部を列挙します。

どのような教材を置くか，どのような配置で置くか，どのような棚に置くか，棚をどのように配置するか，机は置くか，どのような高さの机を置くか，カーペットは敷くか，カーペットは何色にするか，四角いカーペットにするか，丸いカーペットにするか……などなど，挙げたらキリがありませんでした。このようなことを一つ一つ考え，工夫していきました。

しかし，K保育園の場合は，これらの工夫を考え続けていく中で，「そもそもの目標って，主体的な子どもが育つことじゃない？」「主体的な子どもが育つためには，保育室内のモノ環境だけ工夫すればいいの？」という声が上がり始め，「子どもを取り巻く全ての環境が大切なのではないか」という考えに至りました。

そこで，次のWork 2をすることになりました。みなさんも行ってみてください。

Work 2

「子どもを取り巻く環境」には，保育室内のモノ環境を含めて，どのようなものがありますか。

このワークにも正解はありません。まずは各自で自由に考えて，自分なりの答えを3つ挙げてください（およそ3分）。

その後，どのようなものが挙がったかを，周囲の3～5人の人たちで伝え合ってください（およそ5分）。

最後に，クラス全体で発表してください。

2　環境を考える視点

どうですか？　Work 1よりも，たくさんの環境が挙げられたのではないでしょうか？　まとまりがつけられなかったかも知れません。K保育園でもそうでした。

しかし，それでいいのです。まとまらず，バラバラになったところから，自分たちでまとまりをつくっていきました。例えば「どのような教材を置くか」と「どのような配置で置くか」は分けようよ，という話になりました。そして，「どのような教材を置くか」は「カーペットは敷くか」に近くない？　なら，まとめよう！　という話になり，それを「①モノ環境」と呼ぶことにしました。一方で「どのような配置で置くか」と「棚をどのように配置するか」は同じじゃない？　という話になり，それを「②空間（配置）環境」と呼ぶことにしました。

つまり，モノ環境のうち，「何を置くか」を「①モノ環境」とし，「どこに，どう置くか」を「②空間（配置）環境」とし，両者を分けて考えるようにしました。

そのようにバラバラなものから，５つのまとまりを考え出しました。そして，Ｋ保育園では「子どもを取り巻く環境」を，次の５つの視点から考えることにしました。

①モノ環境，②空間（配置）環境，③自然環境，④情報環境，⑤ヒト環境。

バラバラなものを，こうした「大きなくくり」にまとめながら，環境づくりの工夫を進めることにしました。

以下，Ｋ保育園の保育者が考えた，上の５つの「くくり（視点）」について，順番に考えていきましょう。

❶ 自然環境

Ｋ保育園で，特に大事にしようと考えたのは「自然環境」です。

ここでワークです。

Work 3

環境の中でも「自然環境」は，特に大事です。「自然の環境」と「人工の環境」は何が違いますか？
正解はありません。まずは各自で自由に考えて，自分なりの答えを３つ挙げてください（およそ３分）。
その後，どのようなものが挙がったかを，周囲の３～５人の人たちで伝え合ってください（およそ５分）。
最後に，クラス全体で発表してください。

「自然の環境」の特徴は，そこに存在する様々な存在が，人間の意図とはお構いなしに，「多様な出来事を，くり広げてくれる」点にあります。

教育研究者の大田堯は，その点について，次のように述べています。「自然は，実に多様な出来事を子どもの前にくり広げてくれます。風が吹くことさえ，蝶が飛ぶことさえ，花が咲くことさえも，これはどうしてかという疑問を起こしたり，不思議だなと思ったり，いろいろな要素を含んだセンス・オブ・ワンダーを，子どもは初期において経験するんです[1]」（傍線，筆者）。

大田が述べるように，自然は，多様な出来事を子どもの前にくり広げてくれます。人工物ではそのようにはいきません。どちらかというと「モノ環境」としてのモノは，人間の手によって動かされることを待っています。「自然環境」は，人間の意図とは別の出来事を様々にくり広げてくれます。そうすることで，人間の「不思議だな」という気持ちに火をつけてくれます。そこに「モノ環境」と「自然環境」の大きな違いがあります。

❷ 情報環境

「自然環境」とはどういうものか。それが理解いただけたでしょうか。「情報環境」という考え方も少し難しいので，詳しく考えておきましょう。

K保育園では，全てのモノは，子どもにとって「情報」ではないか，と考えることにしました。

その土台には「アフォーダンス」という考え方があります。アフォーダンスについて，事典を引いてみます。

「アフォーダンスとは，ギブソン（J. J. Gibson[2]）の用語である。モノがそれとインタラクション（相互作用）する生物に提供することのできる諸属性，諸機能の拡がりをアフォーダンスという。ある物体がどのようなアフォーダンスをもっているのか，それとかかわる生物の種類によっても，また同じ生物でもその生物の状態によっても異なると言える。道に落ちている１万円札は，多くの人には拾って自分の財布に入れることをアフォード（提供）しているが，山羊には食べることをアフォードしている。また，ヒトにとって，１万円札がパチンコ店に行くことをアフォードしている場合もある[3]」。

アフォーダンスとはモノが，生物に対して提供する「情報」です。１万円札は，私たちに対して「拾ってもいいよ」「眺めてもいいよ」「持ち帰ってもいいよ」「交番に届けてもいいよ」「燃やしてもいい

➡1　大田堯「今，『子どものしあわせ』とは」『子どものしあわせ』471（61），1992年，p. 21。

➡2　ジェームズ・J・ギブソン（James Jerome Gibson：1904-1979）
アメリカの知覚心理学者。アフォーダンス理論で知られる。

➡3　佐伯胖（監修）渡部信一（編）『「学び」の認知科学事典』大修館書店，2010年，p. 145より，一部筆者が加筆しています。

よ」「パチンコ屋に行ってもいいよ」「ビール買ってもいいよ」などの「情報」を提供しています。

「情報」を提供するということは「行為の可能性」を提供することだともいえます。１万円札によって，行為の可能性が拡がるからです。これは，１万円札に限らず，あらゆるモノに当てはまります。「たとえば水を知覚するとき，水は飲むことや汚れを洗い落とすことをアフォード」します[4]。水が目の前にあることで，「行為の可能性」は広がるわけです。飲んだり，洗ったりする以外にも，水に何かを浮かべることもできますし，自分が水の中に入ることもできます。

➡4　前掲書➡3，p. 32。

モノを単なるモノとしてみるのではなく，それを手に取り，扱う人にとっての「行為の可能性に関する情報」のかたまりとして見る[5]。それがモノを「情報環境」として見るという考え方です。

➡5　前掲書➡3，p. 169。

ワークを通じて，この考え方に慣れてみましょう。

Work 4

あなたを取り巻くモノの中で，あなたの「行為の可能性」を広げてくれるモノを一つ挙げてください（およそ１分）。

そのモノを使って，あなたはどのような行為をすることができますか。可能になる行為を，３つ挙げてください（およそ３分）。

周囲の人と「①挙げたモノ」「②そのモノによって可能になる行為」を伝え合ってください（およそ５分）。

最後に，クラス全体で発表してください。

❸ヒト環境

最後に「⑤ヒト環境」です。ここでは，エリク・H・エリクソン[6]の理論を紹介します。

➡6　エリク・H・エリクソン（Erik Homburger Erikson：1902-1994）
ユダヤ系ドイツ人としてフランクフルトに生まれ，アメリカに渡った精神分析家。ライフサイクル理論で知られる。

人間は，成長に応じて，自分という人間の「型（フォーム）」を組み替えようとします[7]。この「型（フォーム）」の中には，当然，人間関係も入ります。つまり，人間は，成長に応じて，人間関係を組み替えようとするのです。

➡7　西平直『エリクソンの人間学』東京大学出版会，1993年，p. 270。

ここでは，エリクソンのエピジェネティック図式（図1-1）を見つつ，みなさんの身に置き換えて考えてみます。

	1	2	3	4	5	6	7	8
老年期　Ⅷ								統合 対 絶望，嫌悪 英和
成人期　Ⅶ							ジェネラティビティ 対 停滞 世話	
前成人期　Ⅵ						親密 対 孤立 愛		
青年期　Ⅴ					アイデンティティ 対 アイデンティティ混乱 忠誠			
学童期　Ⅳ				勤勉性 対 劣等感 有能感				
遊戯期　Ⅲ			自主性 対 罪の意識 目的					
幼児期初期　Ⅱ		自律性 対 恥，疑惑 意志						
乳児期　Ⅰ	基本的信頼 対 基本的不信 希望							

図1－1　**エピジェネティック図式**

➡出所：エリク・H・エリクソン，村瀬孝雄・近藤邦夫（訳）『ライフサイクル――その完結』みすず書房，1989年，p. 73をもとに作成。

新しい人にあった時，みなさんは，その人が信頼できる人間か，信頼できない人間かを見極めようとしませんか？

そして，ある程度，信頼できる人間だということが確認できたら，その人間の前で，「自分を出す」ということをしませんか？

つまり，最初に信頼感の確認作業が来て，その後，自分を出すという行為が来るのです。ある程度，確認作業（信頼づくり）が済んだら，自己発揮へと，人間関係を進めたくなるのです。つまり，人間関係を組み替えたくなるのです。

こうした点は，子どもも同じです。

人間は，成長に応じて，人間関係を組み替えようとする。そうして，新しい自分を組み立てようとする。これがエリクソンの考え方です。

K保育園でも，この考え方をヒントにして，「子どもがどういう人間関係を創り出そうとしているのか」を理解しようとしました。そして，その理解にもとづいて「どういうかかわり方（人間関係）をはげまそうか？」という方針を考えていきました。

これが「ヒト環境」という視点からの環境の工夫です。とはいえ，年齢ごとに，どのような工夫をしたのかは，ぜひ，みなさんにお伝えしたいところです。

そこで，次の節では，以上の５つの視点から「主体的な子どもが育つために」という目標のもと，K保育園がどのような保育環境づ

写真1-1　カゴと子ども

くりに取り組んだのかを紹介します。その中で「ヒト環境」の工夫についても，年齢ごとにお伝えします。

3　5つの視点からの年齢ごとの取り組み

❶ 0歳児クラス：その1（キャッチ能力）

K保育園の0歳児クラスでは「子どものキャッチ能力を豊かにする」というテーマで環境設定を行いました。

キャッチ能力とは，「見えたもの」「聞こえたもの」を，子どもが敏感に捉える能力のことです。

ここでは「④情報環境」の視点を重視しました。人間のキャッチ能力は，環境と繰り返し何度も触れ合うことで，豊かになります。[8] さらには，キャッチ能力が豊かになることで，環境に多様に存在している「情報」（行為の可能性）を見つけ出すことができるようになります。

写真1-1では，子どもたちがロッカーのカゴをキャッチし，「何かしてみたい」と思ったようだったので，子どもたちがカゴと繰り返し，何度も触れ合うことができるように，あえて，子どもの手の届くところにカゴを置いたりしました。そうすると，子どもたちは，カゴから様々な「行為の可能性」を見つけ出しました。ここでワークです。

➡8　アフォーダンス理論の言葉でいうと，「知覚システム」の働きが豊かになります。興味のある方は，佐々木正人『アフォーダンス――新しい認知の理論（岩波科学ライブラリー12）』岩波書店，1994年，pp. 80-81を参照してください。

Work 5

1歳になりたての子どもになって考えてください。あなたの目の前にカゴがあります。

①そのカゴを手にしたあなたは，どのようにカゴと触れ合いますか？

②①の触れ合いを何度も繰り返したあなたは，次に，カゴを使って，何をしますか？　正解はありません。3つくらい，自由に考えてみてください。

③②で思いついたことをするために，どのようなモノが，カゴの近くにあるといいと思いますか？これも正解はありません。いくらでも，自由に考えてみてください。

K保育園の子どもたちは，まず，カゴを振ってみました。そして，引きずってみました。さらには，押してみました。さらには，中に何かを入れようとしてみました。

こうして，子どもたちはカゴから様々な「行為の可能性」を見つけ出しました。

保育者たちは，子どもたちのそうした姿から，カゴの近くに，プラスチックのチェーンを置いたり，お手玉を置いたりしてみました。

そうすると子どもたちは，チェーンをカゴの中に入れてみたりしていました。さらには，チェーンを入れたままカゴを振ってみたり，チェーンを出してカゴを振ってみたり，いろいろな使い方を試していました。言い換えると，いろいろな「行為の可能性」を見つけ出していました。

写真1－2は，自然にたくさん触れられるように，毎日，外に出るようにした時の様子です。子どもたちが，草花に触れています。おそらく，草の奥に，何かを見つけています。写真1－3は，すす払いをきっかけに掃除への興味が湧いてきた子どもたちの姿から，玩具だけではなく，雑巾を置くようにしてみた時の様子です。大人は雑巾を「雑巾」としてだけ見てしまいますが，子どもは雑巾から，様々な情報を，言い換えれば行為の可能性をキャッチし，行為を拡げていきます。

こうして，子どもが繰り返し，何度も，モノに触れられるように「モノ環境」「空間（配置）環境」「自然環境」を工夫することで，子どものキャッチ能力が豊かになるように工夫しました。

なんでも置けばよいというわけではありません。子どもの姿に合わせて環境設定をするため，子どもの「やってみたい！」という気持ちを受け止め，その気持ちに保育者が応えようとしました。

写真1-2　自然と子ども

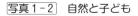

写真1-3　雑巾と子ども

また，環境設定の際には，子どもたちが触ってみたい，やってみたいと思った時に安心してじっくりとその行為をできるよう，衛生面や安全面の配慮も大切になります。例えば写真１-３の場面では，窓に結露した水滴を子どもたちが拭こうとするのですが，床がフローリングのままでは水滴が床に落ちて滑りやすくなってしまいます。そこで，濡れても滑りにくいマットを敷きました。また，窓の向こうに見えたものに気をとられ，窓を開けようとしてしまいます。その際，子どもたちが指を詰めてしまわないように，窓にストッパーを取りつけるなどしました。子どもたちがやりたいことをやるためにも，そうした配慮は大切です。

❷ ０歳児クラス：その２（基本的信頼）

乳児期は「ヒト環境」の土台をつくる時期でもあります。そこでＫ保育園では，エリクソンの理論に学びながら「基本的信頼」を育てることも大事にし，子どもたちの欲求表出にできる限り応答しようとしました。

エリクソンは，「赤ちゃんの個別の欲求を敏感に配慮すること(sensitive care of the baby's individual needs)。それを通して，子どもの中に信頼感を創りあげていく」と述べています[9]。また，「母親的人物とは，新たな存在がもつ摂取や接触の欲求に，暖かく穏やかに包み込むように，応答する人物である（respond to his need for intake and contact)」とも述べています[10]。ポイントは，欲求表出に，個別に，応答することです。

０歳児にとっては，泣いたり，微笑んだりすることが欲求表出です。保育者は，その欲求表出に応えるようにしました。そうして

➡9　エリク・H・エリクソン，西平直・中島由恵（訳）『アイデンティティとライフサイクル』誠信書房，2011年，p. 65。

➡10　Erikson, E. H. (1964) *Insight and Responsibility: Lectures on the ethical implications of psychoanalytic insight.* W.W. Norton & Company, p. 116.

写真1-4　遊びスペース

写真1-5　支度スペース

「だいじょうぶだよ。私は，あなたの望み（希望）に応えようとするよ」というメッセージが伝わるようにしました。

応答とは，離れずに側にいることではありません。むしろ，離れても，呼ばれたら（赤ちゃんが泣いたら），側に戻ること。それが応答です。そうした応答を繰り返すことで，子どもの中に「離れても，呼べば，戻ってきてくれる」という信頼感が培われます。これは「この人は応答してくれる人だ」という相手に対する信頼感ですが，それに加えて「私は，他者に応答してもらえる大事な存在なんだ」という自分に対する信頼感が培われます。その両方が，基本的信頼の中身です[11]。

➡11　前掲書➡9，p.58。

K保育園では，子どもたちの欲求表出に，一つ一つ，丁寧に応答することで，子どもたちの心の中に，基本的信頼を育てようとしました。

❸ 1歳児クラス：その1（自分でやってみようとする）

写真1-4と写真1-5は，環境を変える前の，1歳児クラスの保育室の様子です。写真1-4と写真1-5は，同じ場所を写しています（向きは違いますが）。写真1-4の遊びスペースの一角に，写真1-5のような支度スペースをつくり，支度をしていました。

しかし，周りのおもちゃが気になってしまったり，席数も決まっていなかったため，とても混雑していて，一人一人とじっくりかかわることができませんでした。常に慌ただしく，せわしない状況でした……。

そこで，写真1-6，写真1-7，写真1-8のように，遊びスペースとは別に支度スペースをつくり，少人数で支度をするように

写真１-６　新・支度スペース

写真１-７　一人で支度

写真１-８　一緒に支度

しました。そうすると，子どもたちにも，保育者たちにも大きな変化が起きました。ここでワークです。

Work 6

K保育園では，これまでは遊びスペースの一角に支度スペースを作り，支度をしていました。それでは慌ただしかったので，遊びスペースと支度スペースを分けて，環境を作りました。

それによって，子どもたちにはどのような変化が起きましたか？　また保育者たちにはどのような変化が起きましたか？

写真１-４～写真１-８を参考に，想像しながら考えてください。遊んでいる子と支度している子が混ざっている環境と，分けられている環境とでは，何が変わってくるでしょう。正解はありません。各自で自由に考えて，自分なりの答えを３つ挙げてください（およそ３分）。

その後，どのようなものが挙がったかを，周囲の３～５人の人たちで伝え合ってください（およそ５分）。

最後に，クラス全体で発表してください。

K保育園で実際に起きた変化を紹介します。①もっと室内で遊んでいたいという子どもの意思を大事にできるようになった。②早く外で遊びたいという子どもの意思も大事にできるようになった。③室内で遊んでいたい子，早く外に行きたい子，それぞれの「個のペース」を大事にし，子どものやりたいという気持ちを，何よりも優先することができるようになった。④今までは，子どもに対して「待っててね」が多かったが，今は「待ってるからやってごらん」と言えるようになった。⑤子ども同士で助け合いながら支度する姿を見守ることができるようになった。

K保育園のみなさんは，こうした変化が起きたことをうれしそうに語ってくれました。このような変化は「空間（配置）環境」を作り直したことでもたらされた変化ですが，「ヒト環境」という点から見ても，とても大事な変化です。その点について，エリクソンの考え方を紹介しておきます。

❹ 1歳児クラス：その2（自分で決めたい。だけど，期待にも応えたい）

個人差はありますが，１歳児クラスに入る頃までに，人は，徐々に，寝返りをするようになり，ずりばいをし，ハイハイをし，あっという間につかまり立ちをして動き回るようになります。その頃から，いわゆる「イヤイヤ期」が始まります。イヤイヤ期は「自分のことは自分で決めたい」という自己決定の欲求が盛んになる時期です。この自己決定の欲求のことを，エリクソンは Autonomy（オートノミー）と名づけ，先人たちはそれを「自律性（の感覚）」と訳しました。

この時期に「自分でやってみようとする」ことはとても大事です。ですから，K保育園では，それを１歳児クラスのテーマにしました。それと同時に，K保育園では，子どもたちの中にある「一人前扱いしてほしい」という承認欲求に応えようともしました。

この点については，山竹伸二が『子育ての哲学』の中で述べている「３つの承認パターン」の話が参考になります。山竹のいう３つの承認のうち，２つを紹介すると，その２つとは，①ありのままの自分が無条件に認められる承認，②できるようになったことを「できたね」と評価し，ほめる承認の２つです。[12]

➡12　山竹伸二『子育ての哲学——主体的に生きる力を育む』筑摩書房，2014年，pp. 90-91。

筆者なりに言い換えると，第一の承認欲求は「できた自分も，できない自分も，いい自分も，悪い自分も，丸ごと全部受け止めてほしい」という承認欲求です。それとは別に，第二の承認欲求として「いいことはいいと認めてほしい。悪いことは悪いと叱ってもらっても構わない」という承認欲求があります。

みなさんも，部活で手を抜いたプレーをした時に，尊敬する先輩から「どうして，あんないい加減なプレーをするの。あなただったら，もっとしっかりとしたプレーができるでしょう。一度休んでからでいいから，あなたの精いっぱいのプレーを見せてほしい」と言われた方が，手抜きプレーを「いいよいいよ」と言われるよりもうれしくて，「あ，この人は，自分のことを一人前扱いしてくれているな」と感じることがあるでしょう。それが第二の承認欲求です。

第一の承認の仕方は，その人の存在自体を承認するという点で，根源的なものですが，そのような承認だけでは物足りなく感じる時があります。自分がしっかりと作り上げた作品を，しっかりと認めてほしい。逆に言えば，手を抜いた時には，叱られた方が認められているように感じる。それが第二の承認欲求です。

こうした考えのもと，Ｋ保育園では，広げたら広げっぱなし，出したら出しっぱなしの子どもに対して「広げたら，たたんでほしい」「出したらしまってほしい」という言葉を伝えるようにしました。これはエリクソンに言わせれば，「期待」を伝えるというやり方です。

エリクソンは第Ⅱ期について「成熟しつつある人間は，周囲に期待できることと，自分に期待されていることに関する知識を，徐々に，組み込むようになる」とも述べています[13]。

➡13　前掲書➡10，p. 119。

つまり，第Ⅰ期では「周囲に期待できること」を表出することが主だったのに対して，第Ⅱ期では「周囲に期待できること」と「自分に期待されていること」の双方を，心の中に組み込めるようになってきます。

そこでＫ保育園では，子どもたちに「期待」を伝える際には，いきなり一人でたたんだり，しまったりする前に，「一緒にたたむ」「一緒にしまう」ということも大事にしてみました。保育者自身が手を動かしつつ，子どもへの「期待」を伝えるようにしました。

そうした丁寧なかかわりを続けているうちに，１歳児クラスの子どもたちの中で「みてて，みてて」という子どもたちが出てくるようになりました。そうした「みてて，みてて」の中には，保育者が「たたんでほしい」と言ったものをたたむことができるようになった時だったり，しまってほしいといったものをしまうことができるようになったりしたときの「みてて，みてて」も含まれていました。まさに第二の承認欲求です。

この時，子どもたちの心の中をのぞけば「自分のことは自分で決めたい」という気持ちと「自分の期待に応えてくれた人たちの期待に応えたい」という気持ちとがせめぎ合っているのだと思います。このようなせめぎ合いがあった上で，「できる限り期待に応えながら，それでも，自分のことは自分で決める」という姿を子どもたちは見せてくれます。これこそ第Ⅱ期の人間関係です。

K保育園の保育者は，子どもたちの「自分で決めたい」「自分でやりたい」を大事にしつつ，「してほしいこと」を丁寧に伝えることで，子どもたちと第Ⅱ期の人間関係をつくっていきました。これは「ヒト環境」という視点からすると，非常に大事な点です。

❺ 2歳児クラス（自分で，できる）

とはいえ，第Ⅱ期のような人間関係は，1歳児クラスの終わりまでに作り上げられるものではありません。6歳で卒園していくまで，その都度，その都度，丁寧に作っていくような関係です。

ですから，K保育園では，2歳児クラスのテーマを「自分でできる」，幼児クラスのテーマを「自分で選ぶ」にし，第二期の人間関係作りを丁寧に行いました。まずは2歳児クラスの環境構成についてみてみましょう。

写真1－9は4月の時の様子です。みなさんは，この写真を見て何を思いますか？　机で遊んでいても，写真1－9のように隣からのぞき込まれてしまうと集中できません。「自分で決める」を保証してあげられません。

そこでK保育園では，集中できる環境とはどのようなものかを考え，写真1－10のように机の位置を壁側に変えてみました。そのようにすることで，周りを気にせず，遊ぶことができるようになりました。しかし，そのようにすると「まわりの子の気持ち（期待）」に出会う機会が減ってしまいます。写真1－10だけでもいけません。

というわけで，いまもK保育園では，どのような机の配置がいいのかを考えています。これは「ヒト環境」を踏まえて，「空間（配置）環境」を工夫している事例ですが，やはり「子どものどのような人間関係をはげますか（ヒト環境）」が，視点として重要になっています。

❻ 幼児クラス（自分で選択する，見通しをもって行動する）

自分のやりたいことと，周囲の気持ちとの両方を大事にしようとして，その2つの気持ちの間でせめぎ合う。それが第Ⅱ期の人間関係です。この2つを大事にしようとして，子どもは第Ⅲ期の人間関

写真１－９　かかわりが生まれる

写真１－10　没頭が生まれる

係に進んでいきます。

自分にはやりたいことがあり，友達にもやりたいことがある。それが同時に充たされるように，「僕が先で，○○ちゃんがあとね」というふうに順番を決めたり，「僕が後ろを持つから，○○ちゃんが前をもってね」というふうに役割を分担したりする。それが第Ⅲ期の人間関係です。

その時，「イメージを共有すること」がとても大事な役割を果たします。見えない怪獣を一緒にやっつけようとしたり，積み木で囲った場所を「ここは，おうちね」と決めて，一緒にままごとをしたりします。

その時，子どもたちは怪獣のイメージや，おうちのイメージを共有しています。そうしてイメージを共有しながら，「自分たちの世界」をつくり，その世界の中で「わたしがおかあさんで，○○ちゃんがおねえさんね」といったように役割分担をします。

第Ⅲ期の人間関係とは，イメージを共有したり，全体の中での役割を担おうとしたり，全体の中での順番を決めようとしたりするという人間関係です。キーワードは「イメージ」「全体」「役割」「順番」です。

エリクソンは，第Ⅲ期の人間関係について，「時間的見通しをもつことによって，協力して取り組んでいるものに力を向け，力を注ぐことができるようになる」と述べています[➡14]。ここでいう「見通し」をもつとは，自分たちで段取りを組み立てることであり，その段取りをもとに役割を分担したり，順番を決めたりすることだと思えばよいでしょう。

K保育園では，「子どもたちどうしで見通しを作っていくこと」を幼児クラスの目標にしています。これは「⑤ヒト環境」という視

➡14　前掲書➡10，p. 120。

点から出てきた目標です。

こうした目標は第Ⅰ期の人間関係，第Ⅱ期の人間関係を丁寧に作ることによって，ようやく達成できる目標ですから，場合によっては，幼児クラスにおいても，第一期の人間関係から作り直したり，第Ⅱ期の人間関係から作り直したりしています。ですので，K保育園では「自分で，選択する」という第Ⅱ期の人間関係も大事にし，これも幼児クラスの目標にしています。

さらにK保育園では，子どもたちが見通しをもちやすい「空間（配置）環境」を工夫してもいます。具体的には，空間を次の３つの空間に分けています。①運動遊びや集団遊びをする「ダイナミック」な空間（写真１-11）。②ままごとやトランプ，ボードゲームなどをする「こじんまり」な空間（写真１-12，写真１-13）。③絵本やお絵描きをする「静かな」空間。

この３つに分けた上で，保育室内では，広くて高くて明るいところを「①ダイナミックな空間」にし，狭くて低くて暗いところを「③静かな空間」にし，この２つがぶつからないようにしました。そして，その間に「②こじんまりとした空間」をつくり，子どもたちが「あそこに行けば，あれができる」という見通しをもちやすいように，空間の配置を工夫しました。

このような空間配置の工夫は，最初に挙げた５つの視点のうち「②空間（配置）環境」にあたります。この視点からの環境の工夫は，「こじんまり」と遊びこみたい子どもの活動が，ダイナミックな活動に邪魔されることなく行えるようにする上で重要です。のみならず，「こじんまり」とした子どもがいる場所に，ダイナミック

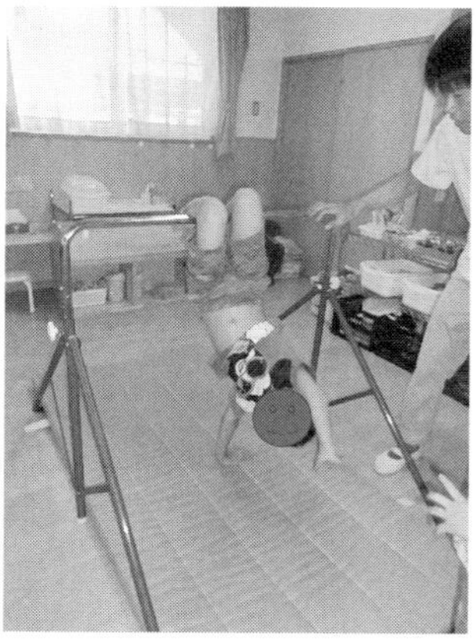

写真１-11　ダイナミックな空間

写真１-12　こじんまりとした空間

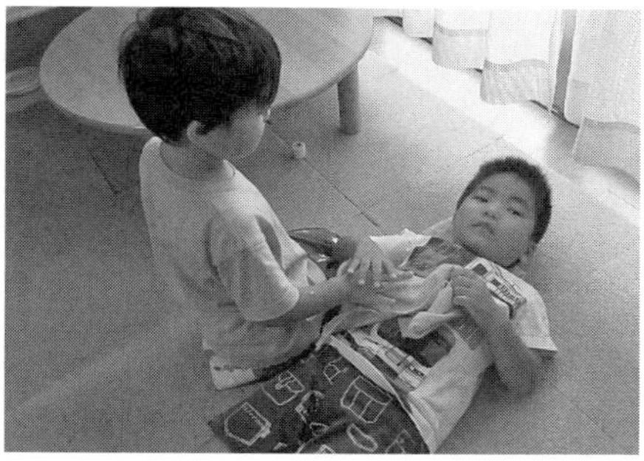

写真１-13　こじんまりと過ごす

な遊びをする子が入ってきてぶつかってケガをしてしまうといった事故を防ぐという意味でも大事な工夫なのです。

❼ 幼児クラス（外の世界の知識・技術を獲得する）

あらためて，写真１-12を見てください。子どもたちがままごと遊びをしています。そうした遊びの中で，イメージを共有しながら，「自分たちの世界」をつくっていくことは先に述べました。

４，５歳になってくると，つくる世界にも「こだわり」が生まれてきます。単に折り紙を折るだけではなく，折り方一つにこだわりが生まれてきたり，単に積み木を積むだけではなく，積み方一つにこだわりが生まれてきます。

写真１-12の子どもたちでいえば，単にままごと遊びをするのではなく，本物の炊飯器を使いたくなってきます。さらには，「おうちっぽい雰囲気を出したい」というこだわりから，「音楽を流したい！」という気持ちも出てきます。

エリクソンは，第Ⅳ期の人間関係を，自分の活動を「業務（task)」ではなく，「作品（work)」にしていくことと述べています が[15]，「自分たちの世界」を，こだわりをもってつくろうとする姿などは，まさに「作品」づくりと呼びたくなるものです。

➡15　前掲書➡10，p. 123。

Ｋ保育園では，そのような子どもたちの「作品」づくりを応援するために，本物の炊飯器やラジカセを，子どもたちの手の届くところに置くなどしました（写真１-14，写真１-15)。

本物の道具を置くという点は「モノ環境」の工夫ですし，手の届くところに置くという点は「空間（配置）環境」の工夫です。

実際に，炊飯器を子どもたちが手に取ると，その「釜」に興味を

写真１-14　本物の炊飯器

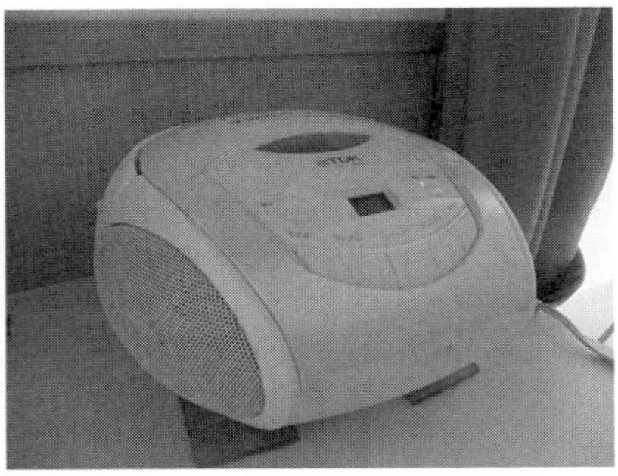

写真１-15　本物のラジカセ

もつ子がいます。そうして，釜を，自分でつくろうとします。おとなから見ると，ままごとで使う釜はどんな釜でもいいじゃないかと思うかもしれません。しかし，本人たちは真剣です。「自分たちの世界」で使う釜は，本物の釜でないといけないのです。

最初は，園庭の土で釜を作ろうとします。土をいくら固めても，うまく固まってくれないので，土に水を混ぜたりします。あるいは，白砂を混ぜたりします。そうして，土から釜をつくろうとするのですが，なかなか，うまくできません。

しかし，その子はこだわります。図鑑をめくったりしながら調べているうちに，他の子が「釜」は「土」じゃなくて「鉄」からできていることを見つけます。そうすると，鉄って何だろう？　土と何が違うんだろう？　というふうに知りたいことが膨らんできます。

「こだわり」をもって，自分の世界をつくりあげようとしたり，自分の知らない世界を調べようとしたりしていると，技術や知識を獲得することになります。

エリクソンは，第Ⅳ期には，その子が置かれた文化・社会の中で実際に使われている「技術」や「リテラシー（知識）」を獲得すると述べています。

「釜」をつくろうとしている子どもが「土」と「鉄」とが違うことに気付く。しかし，その違いがどこにあるかはわからない。例えば，この時，保育者が「モノ環境」の中に「磁石」を準備してあげるとどうなるでしょう？　もしくは，保育者が子どもの目の前の「土」に「磁石」を近づけてやるとどうなるでしょう？

その磁石は，子どもの目の前で「土」から「鉄」を引き寄せてくれるでしょう。子どもは，そうした磁石の魔力に引き寄せられて，しばらくは磁石をいろいろなものに当ててみるかも知れません。そうすると，磁石に引っ張られるものと，そうでないものが現われて，さらに別の不思議が生まれるかも知れない。

ともあれ，「磁石」というモノのおかげで，その子は，文化・社会の中で実際に使われている「技術」「知識」を獲得します。

ここでみなさんにお伝えしたいのは，保育者が「文化・社会」に開かれていることの大切さです。言い換えれば，「文化・社会」に開かれた保育者が「ヒト環境」として，子どもの前にいることの大切さです。

「文化・社会」の中で実際に使われている「技術」「知識」を，保育者が知っている必要はありません。知っていそうな人を，自分の周りから探したり，先輩に聞きながら探して，その人と子どもとの出会いを演出すれば十分なのです。そうすれば，子どもは「文化・社会」と出会うことができます。

「文化・社会」の中で実際に使われている「技術」「知識」を知っている人は，案外，保護者や地域住民の中にいるかもしれません。そういった人の力を借りて，保育環境をつくっていく。そうして保育園自体を開いていく。そういった側面を，最近は「社会的環境」と保育（保育所）との関係づくりといったりしますが，みなさんにはそういった関係づくりまで視野に入れた保育者になってほしいと思っています。

第13章でも触れるように，そういった関係づくりは，保護者の活気が生み出されるためにも，とても重要な取り組みです。

4　あらためて子どもを取り巻く環境とは

Ｋ保育園では，年齢や人間関係の段階ごとに，様々な切り口からふさわしい環境を考えています。

しかし，子どもの成長は年齢や段階で簡単に区切れるものではありません。

保護者の方から家での様子を聞くと，子どもがテレビを見ている間にお母さんがお風呂に入っていたり，クリスマスには子どもがほしいと言っていたものをプレゼントしていたりと，様々な環境にいる子どもの様子が見えてきます。子どもは一人一人家庭環境も違えば，成長の度合いも違います。

子どもたち一人一人，発達も興味関心のありどころも違います。目の前にいる子どもが，今どんな環境を必要としているかを見極め，たくさん考えて，子どもと一緒に環境を作っていくことが大切です。

Book Guide

・浜田寿美男『「私」とは何か――ことばと身体の出会い』講談社，1999年。

子どもは，言葉を通じて世界と出会う前に，身体を通じて世界と出会います。そういった身体を通した体験を蓄積することで，言葉が生み出され，他者とのかかわりが生まれてきます。子どもと世界（環境）との出会い方を理解する参考になる本です。

・佐々木正人『アフォーダンス――新しい認知の理論』岩波書店，1994年。

本章でも「情報環境」の箇所でアフォーダンスの考え方を紹介しました。より深く，アフォーダンスの世界観を理解したい人にお勧めです。

・佐々木正美『子どもの心はどう育つのか』ポプラ社，2019年。

「ヒト環境」の箇所で紹介したエリクソンの考え方を，わかりやすく解説してくれた本です。保育者である前に，一人の人間として読んでおいても良い本だと思います。

Exercise

本章では，「子どもを取り巻く環境」として，①モノ環境，②空間（配置）環境，③自然環境，④情報環境，⑤ヒト環境の５つの環境を挙げました。

みなさんの周りを360度見まわしてください。この５つに入らない６つ目，７つ目の環境がありませんか？

例えば，「時間環境」などはどうでしょう？　「早くしろ！」と急かされてチャレンジすることと，ゆっくり待ってもらえることは明らかに環境として違いますよね？

こうした，６つ目，７つ目の環境を，グループで考えてみてください。そして，クラス全体で共有してみてください。

第 2 章

身近な環境とのかかわりと感性の育ち

0歳児クラスの子どもたち。
何をしている？　何を感じている？
保育者は何を感じ，何をしている？

子どもたちの口元や指先，視線の先をよく見ることから始めてみましょう。保育者が差し出している小さな積み木のようなものに，視線が向かっているのがわかります。１人の子どもは自分が持っている物をじっと見ています。口をぎゅっと結んで，体に少し力が入っているようにも見えます。

積み木のようなものを差し出している保育者の身体の動きを見てください。子どもたちの視線が重なる場所を捉えて差し出しています。静かでしなやかな動きのようにも見えます。

身近な環境とかかわり，様々に感じ取っている子どもたち。そこで子どもの中に蓄えられていくのは「感じる」体験です。様々な「感じる」を味わううちに育まれていくもの，それが「感性」なのかもしれません。

倉橋惣三の言葉の中に「自ら育つものを育たせようとする心」というものがあります。周りにある物に手を伸ばし，なめたり叩いたりしてそのものを味わっている子どもたちの姿から「育とうとする」強い意志を感じる時，何より大切なのは，子どもたちがゆっくり動き出す，その動きを受け止めることだと確信します。

ゆっくりとそばにいる大人に受け止められ安心すると子どもたちは動き出します。そして様々に感じ取っていきます。まさに子どもとは「感じる」存在なのです。第１章の学びからつなげて，本章では，「感じる」ことに焦点をあて，子どもたちはどのように感じるのか，何を感じるのか，感じる体験は子どもたちの中にどのように蓄積されていくのか，について考えていきます。

1　手で感じる

❶ はじまりは手を伸ばすこと

小さな子どもたちが過ごす保育室。そこで何よりも大切なことは「安心・安全」です。清潔で安全な環境を整え一人一人を大切に見ていこうという思いを抱きながら保育を始めていきます。丹念で丁寧なかかわりを重ねるうちに，次第に子どもたちが自分から動き出していきます。そのころの子どもたちの様子です。

Episode 1　ゆっくりそこにいる（０歳児，４月）

０歳児クラスの４月です。月齢11か月のＡ児と６か月のＢ児が一緒の場にいます。

保育室の中のじゅうたんの場に，腰を据えて遊び出したＡ児。半透明の容器の蓋に丸い穴があいている物を見つけて，中に入っているチェーンを取ろうとしています。

お座りができるようになり始めたＢ児は，保育者に体を支えられながら目の前にある布製のボールに気が付いて身を乗り出しています。もう少し近づいたら手を伸ばしたのではないかと思われます。

Ａ児，Ｂ児共に，自分から動き出した姿が見られます。下線を引いた部分が２人の動きを引き出した物です。半透明の容器の蓋に丸い穴があいている物，中に入っているチェーン，布製のボールです。これらのものは，０歳児クラスの４月に適していると考え保育者が設定した物です。それでは，子どもたちのそれぞれの動きを想像しながら次の Work 1 をしてみましょう。

Work 1

Ａ児，Ｂ児が手を伸ばしたものについて，どのような特徴があり魅力があるか，整理してみましょう。

①半透明の容器（蓋に丸い穴があいている）
子どもは何を感じている？

その物の特徴は？

②容器の中に入っているチェーン
子どもは何を感じている？

その物の特徴は？

③布製のボール
子どもは何を感じている？

その物の特徴は？

＊４，５人のグループで記入したことを紹介し合います。
＊他の人の書いたことを書き加えます。

このWork１の目的は，自分の感じ方の幅を広げることです。子どもたちのすぐそばにいる保育者に求められる資質が「感じる力」です。子どもが感じていること，楽しんでいることをわかろうとする姿勢をもつと，「感じる力」が育ってきます。何より大切なのは，「わかろう」とする姿勢なのです。

子どもたちが手を伸ばしたり，繰り返しかかわろうとしたりする物の特徴を捉えることから，教材研究は始まります。

❷「物」にかかわり感じ取る子どもを支える保育者

能動性を発揮して過ごしている，それが子どもたちです。乳幼児期の教育は「環境による教育」です。子どもたちの身近にある環境に自ら働きかけ，様々に感じ取り遊ぶ生活，その中で子どもたちは育っていきます。子どもたちがそのようにして環境にかかわることができるためには，保育者の存在が欠かせません。ここでは，応答的にかかわる保育者の姿を紹介します。

Episode 2　いっぱい入れたいの！（1歳児，2月）

○C児は園庭に座り込み，ビニール袋にひたすら砂を入れている。他の子どもが走り回ったりしても気にしないで砂を入れている。
○手ですくって入れるので時間がかかったがたっぷりの砂が入った。C児は満足気に立ち上がり，保育者に見せに来た。「むすんで」というので，ビニール袋の口元を結ぶと満足したようにうなずく。
○ずしりと重い砂の袋を持って歩いているうちに，手が滑って下に落ち，袋が破れてしまった。
○保育者が「あらあらCちゃん！」と声を掛ける。呆然とした顔をしているC児に，保育者が新しいビニール袋を差し出す。
○新しいビニール袋を見たC児は，破れてしまったビニール袋（まだ半分量くらい砂が残っていた）の砂を全部出して，新しいビニール袋に，砂を入れ始めた。

ビニール袋いっぱいに砂を入れているC児を見守っている保育者は，「粘り強く砂を入れ続けるC児」に感心する気持ち，「ずっしりと思い砂袋を持って満足気なC児」をほほえましいと思う気持ちを抱いています。だからこそ，袋が破れてしまって呆然としてしまっているC児に「あらあらCちゃん！」と声を掛け，新しいビニール袋を差し出しているように思います。

新しいビニール袋を手にした時のC児の行動には驚かされました。破れてしまったビニール袋にはまだ半分くらいの砂が残っていたので，それを新しい袋に移し入れるかなと思って見ていたのですが，C児は何の躊躇もなくその砂を出して，そして，新しい袋にまた初めから砂を入れ始めたのです。C児がしたいことは，ビニール袋に砂を入れ続けること。効率よく行おうとは思ってもいないのです。保育者はそんなC児の気持ちを受け止めて，ビニール袋を広げて持ち，C児の砂入れを笑顔で支えています。保育者の支えや見守り，共感があるからこそ，C児は砂を入れ続けられるのだと思います。

2　気になるから，かかわり続ける

❶ 繰り返しかかわり，物や場と対話する

Episode 3　ここをくぐらせたい！（0歳児，10月）

0歳児保育室の中の遊具棚のところで車のおもちゃ（坂をカタカタと降りてくる動きを楽しむもの）に手をのばしたD児。

3つの電車が連結しているものを持ち，棚の上で動かし始めた（上の写真）。

そうやって遊んでいるうちに，遊具が動かないように結んでいるタコ糸に気付いた。

タコ糸と棚板の間に少しだけ隙間があいていることに気付き，そこに車をくぐらせたくなったようだ。両手を使い，一方の手でタコ糸を少し持ち上げ，もう片方の手で車を通す。下の写真は見事にタコ糸の下をくぐらせ満足そうに笑った瞬間。

子どもたちと物とのかかわりを見ていると，思いもかけない動きが現れて驚いたり感心したりすることがあります。そのような姿は0歳児のころから見られます。「気になる」が入り口のようです。

D児が遊んでいるのは車のおもちゃを斜面に走らせるおもしろさを味わうものでした。いつもはその楽しさを味わっていたD児ですが，この日は別のものに目が止まったようです。それが「遊具をとめていたタコ糸」でした。手に持っている電車のおもちゃを動かしながら，タコ糸と出会い「この下をくぐらせたい」という思いが浮かんだように見えます。初めからそのように考えていた，という訳

ではなく，いろいろ動かしているうちにタコ糸の下をくぐらせたくなってきて，両手の動きを駆使して，うまい具合にできた時に，とても満足気に笑ったように思います。

子どもたちが気に留めたりやりたくなったりすることは，保育者が遊んでほしいと思って用意したものではないことがよくあります。遊具をとめていたタコ糸がまさにそうでした。そこが保育のおもしろいところです。子どもが見出した「おもしろい」「やってみたい」「気になる」には，その子が感じ取った何かがあります。環境や物とかかわり対話しているからこそ見出した，その子の「気付き」なのです。大事に受け止めて「それ，やってみたかったのね」「おもしろいね」と共感したいものです。そこから「感じる」ことへの意欲がさらに広がると思います。

❷ 子どもの動きに応じる保育者の動き

０歳児クラスの室内には静けさがあるように思います。子どもたちは時折「あー」とか，「お！」とか言いますが，それ以外は，「○○ね」「あったね」などと，子どもの動きを受け止めながら発する保育者の声が，やさしく空間の中に漂っています。大事なことは，「子どもの動きを受け止めて発している」ということ。保育者が子どもの動きを先導するのではないということを忘れないようにしたいと思います。

写真２-１は，本章の冒頭で紹介した写真の続きの場面です。小さな音のする積み木を耳の近くで振り，「音がするね」と保育者が語り掛けているシーンです。

子どもたちの手にも小さな積み木が握られています。それぞれに手に取って振っている姿を見て，保育者も同じように振ってみて「あ！　聞こえた」と笑顔で話し掛けています。その保育者の様子を子どもたちはじっと見ています。自分が感じているのと同じ楽しさを保育者が味わっている様子を見て，子どもたちはどのように感じているのでしょうか？

「同じ」という気持ち，「楽しい」という気持ちを抱いているのかもしれません。子どもの動きに応じ，動きには動きで応えていくという保育者の応じ方を大事にしたいと思います。

津守はこのような動きに「生命的応答」という名をつけています。

写真2-1　音がするよ！　小さな音に耳を傾ける保育者をじーっと見ている

「子どもの自然な動きに参与して，おとなもまた，ほとんど無意識のうちに自然に応答する。その時の活動は，子どもにとって価値のある活動である。自然に推移するこの多様な活動には，ことばで記述できないものが多く，そのときのおとなの行為もまた多様である。生命的応答と私が名づけるものは，この多様な行為のことである。保育の実践において，生命的応答は大きな部分をなしている。子ども世界は，生命的応答の積み重ねの中にあらわれる[1]」と。生命的応答という言葉を深く胸に刻んでおきたいと思います。

[1] 津守真『子どもの世界をどうみるか――行為とその意味』NHK出版，1987年，p. 123。

3　自分でいろいろに感じ取る

❶「感じる」をつれてくる様々な物や場

子どもたちは自分の周りにある物や場，全てから様々な刺激を受けています。そして，「おや？」と思う物に手を伸ばし，触れることが許されるならば，子どもたちは飽きるまでそれらの物にかかわり，様々に感じ取っていきます。

「感じる」ということは，主観的なものです。一人一人の子どもが自分らしいアプローチでかかわる中で感じ取っていくことを大切にしたいと思います。「感じる」をつれてくる様々な物や場を紹介します。何通りも感じてみてください。

Work 2

写真を見て，していることや感じていることを記入してみましょう。

何をして，何を感じている？

あなたなら何を感じて何をする？

Work 2 -①

何をして，何を感じている？

あなたなら何を感じて何をする？

Work 2 -②

何をして，何を感じている？

あなたなら何を感じて何をする？

Work 2 -③

＊それぞれに書き込んだら，４～６人のグループで書き込んだことを共有し，文字色を変えて記入します。同じ物，同じ場からでも，感じ取ることは多様にあるはずです。それを実感することが，この Work の目的です。

Work 2 -①の写真は，白い石を集めているようにもダンゴムシを探しているようにも見えます。あるいは白い石の中に少しだけあった黒い石を探しているのかもしれません。自分で見つけるのを楽し

写真２−２　こんなに集まったよ！

んでいる時もあれば，見つけてもらうことを楽しむ気分の時もあります。いろいろな可能性があるように見える場所です。子どもたちが好きな場所にはこのような雰囲気があるように思います。

Work２−②の写真は，４歳児クラスの子どもたちが遊んでいた場所の写真です。みなさんはどのようなことを感じましたか？　「お家ごっこ？」「洗濯屋さん？」「壁を作っているの？」「屋根？」などいろいろな話題が出たらうれしいです。この写真は，保育室前のテラスで楽しく遊んでいた子どもたちがやっていたことです。洗濯バサミの止め方に丁寧さを感じて，この子たちの遊びをよく見たい，と思ったことを覚えています。

Work２−③の写真は，土山のふもとで時間をかけて遊んでいた子どもたちの姿です。これも４歳児クラスの子どもたちです。何をしていると思いましたか？　実は，土のかけら集めをしていたのです。粘土質の土でしたから，まるで石が破れたかのようにかけらが取れるのです。これがおもしろくて，夢中になっていました。写真２−２が，集めた土のかけらです。色も形もそれぞれ違っていて，大切に集めていました。

子どもたちの心を惹きつけてやまないものは，土・水・石・木・火・葉・小さな命などです。それらのものがどうして子どもたちの心を惹きつけてやまないのか，ゆっくり考えてみてください。

❷ それぞれのかかわり方，感じ方を認め支える保育者のかかわり

「感じる」ということは，主観的なものです。「触りたい」という思いから手を伸ばし，その物に触れ，こうかな，ああかなといろい

写真２－３　草むらの中に入り込んで

ろにかかわります。かかわることで出現する変化に驚き，またかかわる。そのような主体的なかかわりを通してその子どもの中に残っていくのが「感じる」だと思います。だからこそ，「それぞれのかかわり方，感じ方」を認め，支える保育者の援助が大切だと考えます。

子どもたちが小さいと，ややもすると保育者が「感じ方」まで押しつけてしまいがちになることがあるように思います。これは，気を付けなくてはならないポイントです。

写真２－３を見てください。草の生茂る中に入り込んでいる２歳児です。５人の子どもがいますが，それぞれに違う動きをしています。しゃがみ込んで虫を捕まえている子，草の花の部分をちぎっている子，手にとった葉の匂いを嗅いでいる子，同じようにやってみようとしている子，そして一番奥にいる子は保育者のそばにいてゆっくり歩みを進めています。それぞれに自分のペースで，自分のやり方で草むらを味わっています。だからこそ，感じ取っていることもそれぞれに違うと思います。

このような姿になる前には，保育者の後ろにつながって恐る恐る草むらの中に入っていた時もありました。保育者を支えに草むらに入り込むという段階を経て，次第に子どもたち自身が安心して歩みを進められるようになってきます。そうなってきたら，保育者は一番後ろになり，みんなの動きを見守るようにします。子どもたちがそれぞれに感じ取っていることを受け止め，一緒に驚いたり喜んだりする関わりをしていきます。それぞれの気付きを丹念に受け止める援助を重ねていきます。

このようなかかわりを重ねていくと，自分の感覚や興味，気付いたことを大切にするようになります。逆に，保育者が同じ動きを誘導する生活を重ねすぎると，子どもたちが感じ取る面が損なわれていくように思います。それぞれのかかわり方や感じ方を丹念に受け止め，それぞれに共感し共に楽しむ保育者のかかわりが，とても大切だと感じます。

4 「感じる」を根っこにして育つ子どもたち

「感じる」ことを大切にしていくと，保育のあり方が見えやすくなるように思います。0歳児の保育から始まり，1～5歳児の保育までつながる大切な考え方です。「感じる」を根っこにおいた園生活の中で育つ子どもたちの姿を紹介していきます。

❶「子どもの気付き」に気付く保育者

Episode 4　デッキの上の砂が気になる（1歳児，2月）

庭で遊んでいて部屋に入ろうと思ったら，デッキの上に砂が乗っているのに気付き砂を手で払い始めた。その様子に気付いたた保育者が「お掃除してくれる？」と話しかけると頷く。

そこで保育者が卓上ホウキを渡すと，それを使って砂をはき始める。

ホウキを使うと砂が気持ちよくはき出せるので，うれしそうな様子を見て，「先生もやろうかな」と掃除を始める。2人で一緒に砂を掃き出している。

Episode 5　魚つれるかな？（２歳児，11月）

落ち葉や木の枝を拾い集めて遊んでいた子どもたち。集めてきた落ち葉をマンホールのところに持ってきた。細い木の枝を拾ってきて落ち葉をつろうとする。「きいろいの，つる！」「あかいさかなもいいな」と友達と話している。その様子を見て保育者が葉っぱの中央に穴をあけると，その穴に枝を差し込むようにして釣れるうれしさを味わっていた。

Episode 4では，デッキの上の砂に気付いて手で払おうとしている子どもの姿に気付いた保育者が「まあ，ありがとう」と言いながら卓上ホウキを渡しています。Episode 5では，落ち葉を魚に見立てて釣ろうとしている子どもたちの姿に気付いて，釣りごっこが楽しくなるように保育者が葉っぱに穴をあけています。２つのエピソードの活動は違いますが共通していることがあります。それが保育者の在り方です。子どもが何をしようとしているのかにまなざしを向け，子どもの気付きに気付き，子どものやりたいことが実現できるように援助しています。その支えがあるからこそ，子どもは「感じる」を根っこにもち，「やりたい」を生み出しています。

❷ 視線が重なる子どもたちと保育者

Episode 6　視線が重なる（４歳児，８月）

戸外で過ごす生活を重ね，小さな生き物を見つけることに夢中になった子どもたちは，「じっと見ている」姿がよく見られる。

１人の関心がみんなの関心になりじっと見ながら気付いたことを伝え合う姿も見られた。

園内に戻り図鑑を見ている時にも１人が見ていると集まっ

てくる。
　トンボって○○だよね，と知っていることを言い合う姿も。視線が重なり，思いが重なっている。

　日々の遊びや生活の中で様々な物やコトとの出会いを重ねた子どもたちは，身の回りの物をよく見るようになります。木を見上げる子どもたちの真剣な表情を見てください。飼育している熱帯魚の小さな赤ちゃんの誕生に初めに気付いたのも子どもたちでした。小さな変化を見逃さず，注視し，気付きを伝え合うようになると，１人の気付きがみんなの気付きになっていきます。図鑑を友達と一緒に見ながら語り合っている姿からも気付きを共有していることがわかります。「感じる」を入口にして「気付き」の共有が始まり，探索から探究へと進んで行くことが分かります。

❸ イメージを広げ，イメージを形にしていく

Episode 7　深海を作りたい！（５歳児，７月）

　水族館遠足の後に，水族館を作りたいと考えた子どもたち。「水槽がいる」「サメがいた」「イルカはジャンプしてた」と観てきたことを出し合い，再現したいもののイメージを出した。
　保育者は子どもたちの思いを受け止めながら，水色のビニールシートを用意した。しかし，子どもたちがどのような形にしたいのかがよくわからなかった。「手伝うことがあったら言ってね」と声を掛けて場を離れた。

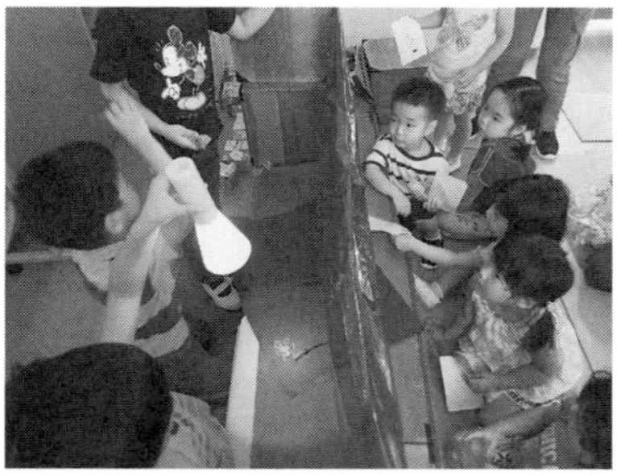

　しばらくして「懐中電灯がほしい」という。「深海作ることにしたんだ」と言うので，どうやるのかな？　と思って見ていると，水底と思われる場所にある魚のフィギュアに，上の方から光を当てていた。深海らしさが感じられた。

身近な材料や道具を駆使して自分たちのイメージを実現していったエピソードです。水族館に遠足に行った体験がもととなって，表現したいテーマと出合います。そのテーマをどのように表していくか，手探りの状態からひらめきが生まれ，「これだ！」に出合っていきます。試行錯誤や行きつ戻りつがありながら，イメージが実現していく喜びを味わっていきます。このような体験ができるためには，自由に扱える道具や場，材料があり，子どもたちに任された時間や空間があることが大切だと思います。

❹「おもしろい」を出発点にして体で響き合う

Episode 8　ワンチーム！（５歳児，９月）

2019年，日本中がラグビーに夢中になった頃，子どもたちは，ふとしたきっかけがあると，こんな風にスクラムを組み始める。数人がスクラムを組むと，それを見つけて集まってくる。そこには言葉はいらない。

少しして，１人の子どもがスクラムの輪から抜け出し見えないボールを持って走り出した。そのボールを奪おうと手を差し出す子ども。その先で，１人の子どもがすでにボールを受け取っている。この時子どもたちの中には確かにラグビーがあることがわかる。

子どもたちは時に言葉のない言葉で通じ合います。2，３人がスクラムを組むと，その動きを見て次々にスクラムを組んでいく。そこには「こうしよう」という打ち合わせはありません。ラグビーに夢中になっている，という気持ちが通い合い，動きになっていきます。見えないものを見ている子どもたちです。子どもたちの遊びの根っこにあるのは「おもしろい」という気持ちです。「おもしろい」

に突き動かされながら，体で響き合っています。

本章では，「身近な環境とのかかわりと感性の育ち」をテーマに考えてきました。０歳児の頃から子どもの遊ぶ姿の中に，たくさんの「感じる」が見つかりました。身近な環境に自らかかわり「感じる」ことを土台として生き生きと遊び育ってきた子どもたち。そんな子どもたちの姿を数多く紹介し，最後にスクラムを組む子どもたちの姿を紹介しました。スクラムを組む子どもたちの姿を通して伝えたかったことは，「感じる」とは「体の中で起こっていること」だということです。環境にかかわり，体全体で感じ，体全体で味わっていく，その体験を重ねることがとても大切なのです。

Book Guide

・**イアン・レズリー，須川綾子（訳）『子どもは40000回質問する――あなたの人生を創る「好奇心」の驚くべき力』光文社，2016年。**
「好奇心」がテーマの１冊。子どもが自分の周りの世界をどのように見ているのかを考えるヒントと出会えます。

・**まど・みちお『いわずにおれない』集英社，2005年。**
童謡「ぞうさん」の作詞者であるまど・みちおが，日々感じていることについて語っています。日常生活の中にあるたくさんの不思議が見えてきます。

Exercise

1. 体験してみよう
　①小さな子どもと一緒に過ごすことができたら，その子の動きを真似てみましょう。しぐさを一つ一つ真似てみて，ゆっくりその場にいることで，今までとは違う気付きがあるかもしれません。
　②泥団子を作ってみる，砂場で山を作るなど，子どものように遊んでみます。手を動かして，体全体で遊びながら，子どもが感じているように感じてみましょう。
2. 話し合おう

①，②の体験を通して感じたことを書き出し，３，４人のグループで共有しましょう。いろいろな見方や感じ方を出し合います。

第 3 章

モノとのかかわりを通して生まれる育ち（学び）

保育者であるみなさんは，写真のように目の前に来た子どもに対してどのように声を掛けますか？

3歳児の７月の水遊びの一場面です。担任保育者はこの時期，「水とのかかわりを楽しんでほしい」という大きなねらいを立て，保育室前にタライに入った水をたくさん準備していました。一緒に出していた透明のカップを使って水を出し入れしていたり，ジョウロを使って水の出方を楽しんだりしている様子がありました。そこで保育者は今楽しんでいることがさらに楽しくなるように，ペットボトルをいくつか用意しました。

すると，ペットボトルに水と花を入れて浮かんでいる様子を楽しんだり，ペットボトルの口から水の出る様子を見たり，水の入ったペットボトルを転がしたり，子どもたちのかかわり方は本当に様々でした。

先ほどの写真はこの時の様子の１枚です。「透明人間！　透明人間！」と言いながら，少し泥で濁った水の入ったペットボトルを持った子どもを見て，保育者は「どれどれ？　本当だ！　透明人間だね」と声を掛けました。さらにその子どもにも見えるように同じようにペットボトルを縦に持ちました。しばらくするともう一度同じ子どもが保育者の前にやってきました。ペットボトルの中身は透明の水になっており，さらに先ほどの写真のように横にしたことを保育者がおもしろがり，その様子を写真に撮ってその子どもに見せました。

この場面では，ペットボトルと水というモノを介して，「覗くとむこう側が見える」や「大きくなったり見え方が変わったりする」ということを遊びながら経験していることがわかりますね。

1　モノとのかかわりから生まれる育ち・学びとは

❶ モノとのかかわりから生まれる育ち・学びを考えてみよう

Work 1　育ちや学びとは

モノを通して子どもたちが育つとは，学びを得るとは一体どういうことなのでしょうか。答えを出す必要はありません。二人一組となって話し合ってみましょう。

自分自身が感じていること，考えていることを伝えることはできたでしょうか。保育をしていくうえで，自分の保育観や子ども観を相手に伝えることはとても重要なことです。他者の考えに触れることで，自分自身の価値観はいかようにも変化していき，物事を多角的に捉えることができるようになっていきます。

本章ではたくさんの Work を通して，共に学ぶ仲間と考えを出し合っていきましょう。

❷ 幼稚園教育要領にみるモノとのかかわりから生まれる学び・育ちとは

さて，Work 1 で話し合った内容を頭に置きながら，モノとのかかわりで育まれる子どもの育ちや学びについて，2017年に改訂（定）された幼稚園教育要領，保育所保育指針，幼保連携型認定こども園教育・保育要領にはどのように記されているのかを見ていきましょう。

モノとのかかわりで育まれる子どもの育ちや学びは，5領域の「環境」の部分に記されています。以下は幼稚園教育要領第2章「ねらい及び内容」の「環境」の記述の中でモノとのかかわりが深くかかわっている部分を抜粋したものです。

> 1　ねらい
> （3）身近な事象を見たり，考えたり，扱ったりする中で，物の性質や数量，文字などに対する感覚を豊かにする。
> 2　内容
> （2）生活の中で，様々な物に触れ，その性質や仕組みに興味や関心をもつ。
> （7）身近なものを大切にする。
> （8）身近な物や遊具に興味をもって関わり，自分なりに比べたり，関連付けたりしながら考えたり，試したりして工夫して遊ぶ。
> 3　内容の取扱い
> （1）幼児が，遊びの中で周囲の環境と関わり，次第に周囲の世界に好奇心を抱き，その意味や操作の仕方に関心をもち，物事の法則性に気付き，自分なりに考えることができるようになる過程を大切にすること。
> （以下省略）

「1　ねらい」にも記されているように，「見る」「扱う」といった，直接的な体験をもとに，モノの性質に対する感覚を豊かにすることが重要であることがわかります。ここで大切なことは，モノの性質に対する正確な知識を得ることではなく，あくまでモノの性質について，子ども一人一人が「感覚的につかむ」ということです。

その手立てとして，「2　内容」には，園生活の中で様々なモノに触れて興味や関心をもつことや，子ども自ら興味をもってかかわりをもち，かかわったモノを自分なりに比べたり考えたり，試したりすることが挙げられています。園の中でたくさんのモノに囲まれて過ごす子どもたちは，それらのモノに対して自ら興味や関心を示すようになります。そして，興味を引きつけられたモノにさらに積極的にかかわっていくことがわかります。

それでは，モノとかかわる子どもたちの具体的な姿とはどのような姿でしょうか。

❸モノとかかわる子どもたちをみてみよう

Episode 1　いろいろな滑り方ができる（こども園，４歳児６月）

園庭の築山にある木製のへりを滑り台のようにして滑って遊んでいます。両手両足を挙げて滑る子どもや，仮面ライダーの必殺キックの真似をして滑る子どもなど，一人一人が好きな滑り方をして楽しんでいます。

なにも園内で滑り台だけが子どもたちの滑る場所ではありません。子どもたちは，自分たちで遊びの場を見つけ，その場でおもしろくしようとかかわりを見せてくれています。一見築山のへりなんて遊ぶ場にはならないと思っていても，子どもたちにとっては園内全てのモノや場所が，遊ぶモノ遊ぶ場所へと変わっていくことがわかります。自分なりによく滑る方法を考え，友達の様子にも刺激を受けながら様々な方法を試していますが，一人一人にとって一番よく滑る方法は異なっています。繰り返すことで，自分なりのベストな方法を感覚的に体得していることがうかがえます。

Episode 2　紙コップを積み上げる（幼稚園，５歳児４月）

５歳児に進級して新しい保育室や友達，保育室内にあるモノに興味を示す子どもたちです。大量の紙コップを見ると，ある男の子が写真のようにピラミッド型に積み上げ始めました。その様子を見た他の子どもたちも集まってきて，一緒に高くしようと積み上げていきます。

進級したばかりの子どもたちですが，５歳児ともなれば新たな環境にも積極的にかかわっていく姿がみられます。紙コップという素材に対して，積み上げるというかかわりをもったことが遊びの出発点となっています。

Episode 3　「見て見て！」（幼稚園，５歳児４月）

好きな遊びの時間に，４歳児の時から仲の良かった友達３人が，鉄棒で前回りや豚の丸焼きなど，思い思いの技を試しています。保育者が近くを通りかかると「見て見て！」と，３人が同時に逆さまになり，笑いながら保育者に手を振りました。

鉄棒という遊具一つをとっても，そこに対するかかわりは様々にあることが考えられます。Episode 3 のように前回りや豚の丸焼きのような技に挑戦したり，友達と同じことをして楽しんだり，もっと年齢が低ければ，ぶら下がることを楽しんだり，鉄棒の下がままごとの拠点になったりもします。

どれだけエピソードを挙げてもきりがないくらいに，子どもたちは日々，園生活の中で様々なモノとのかかわりをしていることがわかります。それではそのモノにはいったいどのようなモノがあるのでしょうか。

2　モノとは

❶ 子どもたちがかかわるモノには何があるだろう

「モノとのかかわり」と聞いた時に，そのモノとはいったい何を示しているのでしょうか。保育現場にとどまらずに現代を生きている子どもたちの周りにあるモノを考えた時に，みなさんが子どもの頃に比べて，ありとあらゆるモノであふれ返っているのではないでしょうか。

自分自身が過ごした幼児期のことを思い出したり，これまでに見てきた保育の現場を思い出したりしながら次の Work 2 に取り組んでみましょう。

Work 2　保育の現場におけるモノ

子どもたちの周りにあるモノを思いつく限り書き出してみましょう。その後，グループに分かれて，どのようなモノが出てきたのか付箋に書き，一枚の模造紙に貼りながら共有してみましょう。

園舎や遊具，玩具，絵本，ハサミ，クレパス，空き箱，廃材など様々なモノが出てきたのではないでしょうか。そして，子どもたちはみなさんが考えたモノに囲まれて，それらにかかわりながら毎日を過ごし，保育者も子どもとモノとのかかわりを支え，学びの機会をつくり出す保育を日々展開しています。

❷ 保育におけるモノを分類してみよう

さて，保育において子どもたちは様々なモノに囲まれて過ごしていることが感じられたのではないでしょうか。

みなさんがグループで出し合ったモノをある観点からグループ分けをしてみようと思います。

Work 3　付箋に書かれたモノをAとBの観点で分類してみよう

A「使い方が限定されているモノ」
B「使い方が限定されていないモノ」

AとBそれぞれに分類した理由もグループで話し合ってみましょう。

分類した結果はどうだったでしょうか。ブランコや滑り台などの大きな遊具や，パズルや塗り絵などの玩具は，使い方や遊び方が各園や各施設によって多少の決まりの違いはあれ，決められており，A「使い方が限定されているモノ」に分類されたのではないでしょうか。他にも，「クレパスは絵を描く時に使うモノ」「スプーンやフォークは食べる時やおままごとで食器として使うもの」「体重計や身長計は体位測定で使うもの」など，知らず知らずのうちに大人が使い方を限定している場合もあります。

では，B「使い方が限定されていないモノ」にはどのようなものが分類されたでしょうか。例えば，砂や土，水など，可塑性のある素材や，お菓子の空き箱や牛乳パック，ペットボトルなど，子どもがイメージしたものによって，空き箱が電車になったり，手を加えることでパソコンやスマートフォンになったり，ペットボトルは何かの的になったり，水に浮かぶ船になったりと，無限に広がっていくことが考えられます。

❸ 子どもたちの育ち・学びを保障するモノとは何だろうか

園生活における様々なモノが，子どもたちのモノの性質に対する感覚を豊かにすることにつながっています。

さきほど分類したＡとＢのどちらかが良くて，どちらかが悪いということではありません。

Ａのように限定されているからこそ，活動に適した子どもの動きを生み出してくれることもあります。鉄棒のエピソードのように使い方や安全上の決まりがあるモノであっても，体を動かす子どもの行動を何通りも引き出していることがわかります。さらにスプーンやフォークがあるからこそ子どもたちはイメージが膨らみ，ままごと遊びや料理屋さんごっこなどの遊びへと広がっていくことがあります。

子どもたちは園内にあるモノを先ほどのＡとＢのように見ているわけではありません。子どもたちの捉え方や考え方は私たちよりもはるかに柔軟です。保育者も子どもたちと同じように，“あるモノ”に対する見方やかかわり方を柔軟に変えていくことで，子どもの学びをより豊かにすることにつながります。

Episode 4　色水遊びの一場面（幼稚園，５歳児４月）

園庭に出て，砂や水，草花を使ってままごとができるように，大きなワゴンにお椀やコップ，スプーンやお玉，ヤカン，鍋などいろいろなモノを入れておきました。子どもたちは思い思いの道具を使い，砂と水を混ぜてコーヒーを作ったり，草花と砂を混ぜてご飯を作ったりしています。女の子が花びらを手でつぶして色水ジュースを作り始めます。その場にいた他の子どもも自分で道具を選び，花びらを使ってジュースを作り始めました。中には，ザルに花びらをこすりつけて色を出す子や，ペットボトルの容器に花びらと水を入れて木の棒で混ぜる子，小さなすり鉢に花びらを入れ，スプーンの柄の部分で混ぜている子など様々でした。

この場面で，子どもたちは実に様々な学びを得ていることがわかります。どこの園や施設に行ってもよく見られる色水遊びですが，この Episode では，保育者から「色水遊びをしましょう」と言って始まったわけではありません。子どもたちがワゴンにあるモノや園庭にあるモノに興味をもち，自らかかわり出して生まれてきた遊びです。

色水遊びをするのに必ずしも，「すり棒」と「すり鉢」といった，扱いやすいすりつぶすためのモノが必要というわけではありません。Episode 4 のように，手を使いつぶすことで色を出す方法もあれば，ザルの網目を使って色を出す方法もあるわけです。先ほども話題に挙げた，ままごとに使うであろうスプーンですら，子どもたちにとってこの瞬間は，色を出すための道具にもなり得るのです。

Work 4　見方をかえてみよう

Work 3 でＡ「使い方が限定されているモノ」に分類したものを違った角度から見て，子どもたちならどのようにそれらのモノを使うかを想像し，グループで意見を出し合ってみましょう。

3　モノとのかかわりを支える保育者とは

❶ モノとかかわる子どもと一緒に遊ぶ

保育者として，まずは目の前で遊んでいる子どもと一緒になって遊び，何を楽しいと感じているのか，興味をもっている部分はどこなのかを探る必要があります。

Episode 5　タコを作ってみよう（幼稚園，５歳児４月）

いろいろな素材が置いてある場所で，紙コップに縦の切れ目を入れて何かを作っています。保育者が「何を作っているの」と尋ねると「タコ」とその場にいた数名が答えます。切込みの長さを考えたり，色や模様，顔をどうするか考えたりして遊んでいました。

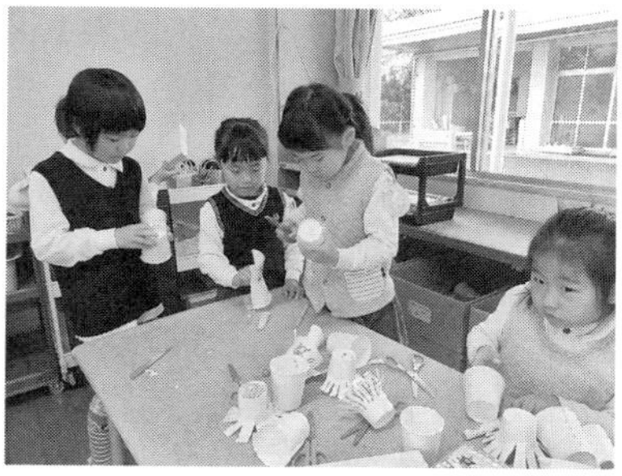

同じ紙コップを使った遊びでも，Episode 2 の紙コップをピラミッド型に積み上げていく遊びとは全く異なった遊びを展開しています。

Episode 6　「大きな丸になったね！」（こども園，４歳児12月）

高くしようと紙コップを重ねていた子どもたち。積みあがった紙コップがグニャっと曲がったことがきっかけで，「丸くしよう」と，目的が変わりました。天井を目指していた紙コップを地面に置き，友達と一緒に丸くなるように重ね完成しました。「大きな丸になったね！」と，友達と顔を見合わせて喜びました。

時期や年齢も全く違う場面で見ても，同じ紙コップを使って異なる遊びが展開されていることがわかります。

Work 5　子どもたちは何を楽しいと感じているのだろう

これまでに紙コップを使った遊びのエピソードを３つ紹介してきました。それぞれの遊びの中で子どもたちが楽しんでいることは何かを考えてみましょう。

たとえ，同じモノ使った遊びであったとしても，年齢や時期はもちろんのこと，モノにかかわる子どもたちが違うことで，おもしろさや遊びの展開は大きく変化することがわかったのではないでしょうか。

紙コップを使った遊びはこうでなくてはならないとは決められていません。今目の前の子どもがモノにどのようにかかわり，楽しみを見出しているのかを，まずは共に遊び込むことで探ってみましょう。見えてくるおもしろさや発見は必ず違います。Work 5 でやったことこそが，子どものモノとのかかわりから生まれる育ち・学びといえると思います。

では，子どもの思いつくまま，楽しんでいる姿のまま保育は進んでいってもよいのでしょうか。

❷ モノとのかかわりをより豊かにする

ここまでで，子どもたちは園生活の中にあるモノに対して，自ら積極的にかかわっていくことがわかってきました。それでは，保育者としては，子どもの様子をよく見て一緒に遊ぶだけではなく，モノとのかかわりをより豊かにするためにどのようなことができるのでしょうか。Episode 7 をもとに探ってみましょう。

Episode 7　船に乗って沈まないかを試したい（こども園，5歳児6月）

昨年度の5歳児の姿に影響を受け，ペットボトルでプールに浮かぶ船を作って遊んでいる子どもたち。船ができ上がった日は，ちょうど5歳児はプールに入らない日で水着を持ってきていませんでした。それでもその日のうちに自分たちが乗っても沈まないかを試したいと子どもたちは担任に訴えます。担任はプールに浮かんだ船を見ながら「乗らないで，沈まないかを試す方法ないかな」と，子どもたちに返します。その場にいた子どもが「何かを船に乗せてみよう」と，一番近くの未就園児の保育室に行き，アンパンマンのぬいぐるみを持ってきて船に乗せました。当然船は沈みませんが，子どもたちは納得のいかない顔をしています。ここで保育者は，体重計をもってきて「誰かの体重と同じ重さのモノを乗せてみて沈まなければ成功ってことにならないかな？」と，提案します。「一番重い人がいいと思う」と，順番に体重計に乗り始めます。その場にいた9人が測り終え，一番重い体重は22.4キロであることがわかりました。「22.4キロになるもの

探そう」と，未就園児の保育室に入り，セロハンテープの台やミニカーの入ったかご，ウレタン積み木などありとあらゆるモノを持ってきては重さを測ります。しかし，なかなか目標の22.4キロになるものがありません。その時，一人の子が「一個じゃなくていっぱい乗せたらいいんちがう？」と，言ったことがきっかけとなり，規格のそろったウレタン積み木を運び，体重計に乗せていきます。「(数字が) 増えてる増えてる」と，目標に近づくにつれて，小さめの積み木を運んできています。最後の一つを乗せて見事22.4キロに到達しました。

少し長めのエピソードでしたが，ここで保育者が子どもとモノとのかかわりをより豊かにするためにした援助は，体重計をもってきたことだと言えるでしょう。どうしたらよいだろうと共に悩み方法が思いつかなければ，他の育ちや学びがあったかもしれませんが，ここで，保育者から，子どもたちに向けて具体的な提案をしたことで，船に乗るという遊びから，重さを自分たちで考える遊びへと展開しています。「自分たちの体のように重いモノは何か」「一度体重計で測ったモノよりも重いモノはどれか」「重さを増やすにはどうすればよいか」など，体重計というモノに対して多様なかかわりが生まれていることがわかります。

保育者は，一緒に遊ぶだけではなく，遊びの中の一員として，一緒に考え，試し，時に新たな方法を提案することで，子どもたちとモノとのかかわりを支え，さらにより豊かなものになるような援助を心がけることが必要であることがわかりました。

❸ 連続した育ちや学びにする

目の前の子どもをじっくり見て一緒に遊ぶことの大切さと，保育者として育ち・学びの機会になる場面を提案することの重要性が，ここまででわかったのではないでしょうか。

子どもたちの自発的なモノとのかかわりの中から生まれた育ちや学びは関連性や連続性をもたせていくことが必要です。第８章では，子どもの育ちや学びが次の展開で生かされ，新たな育ちや学びが生まれている保育実践を掲載しています。先の展開を考えたり，育ちや学びが何なのか，それらをどのように生かそうとするのかを，

Work を通して一緒に学ぶ仲間と共に考えていきましょう。

Book Guide

・大豆生田啓友（編著）『あそびから学びが生まれる動的環境デザイン』学研教育みらい，2018年。
保育環境をどのように捉え，どのように構成していくのかを考えるために大変参考になります。写真が中心に構成されており具体的にどのようなモノに子どもたちがかかわっているのかを見ることができます。ぜひ，保育のヒントを得てください。

Exercise

1. 子どもたちはモノとのかかわりを通してどのようなことを学びとり，成長していくのかをペアになって話し合ってみましょう。
2. モノとのかかわりを支える保育者として必要なことや自分自身が感じていることをペアになって話し合ってみましょう。

第 4 章

自然とのかかわりを通して生まれる育ち（学び）

幼稚園に入園してしばらくたった，３歳児５月の子どもたちの様子です。この時，子どもたちはどんなことを感じているでしょうか？　また，この写真から，入園以来の育ちとして，どのようなことが読み取れますか？

写真からは，「気持ちいいー」「楽しい」という声が聞こえてきそうですね。子どもたちが心地よさを味わっていることは間違いないようです。

もう少し詳しく見てみましょう。子どもたちは裸足の子どもが多いです。そして，地面に身体を投げ出し，友達と一緒に同じような格好をしています。４月の入園からの間に，裸足になって外に出ることができる安心感や，友達と一緒に過ごす心地よさのようなものを味わってきたのでしょう。そして，このように大地に身を投げ出すことができるぐらいに，安心して幼稚園で過ごすことができるようになっていたのでしょう。

逆の言い方をすれば，自然が子どもたちのこのようなかかわりを引き出し，自由感や気持ちよさを味わわせているともいえるでしょう。自然とは，子どもたちの様々なかかわりを受け止めて返すことのできる豊かな環境なのです。

ここでは，子どもたちが自然とかかわることを通して，どのような経験をしているのか，どのようなものが育っているのかについて考えてみたいと思います。

本章では，子どもの自然とのかかわりに焦点をあてて，そこで生まれる育ち（学び）について考えていきたいと思います。

「自然とのかかわり」と聞くと，みなさんはどういう印象を受けるでしょうか。「私は好き」とか「僕は苦手」と声が聞こえてきそうですし，「昔は遊んでいたけど，今はかかわりがないな」という人もいるでしょう。そのように，みなさんの好き嫌いはまちまちでしょうが，幼稚園教育要領には，「幼児期において自然のもつ意味は大きく[1]」と，自然とのかかわりの重要性が明記されています。さらに，「幼児期の終わりまでに育ってほしい姿」にも，10の姿の一つとして，「自然との関わり・生命尊重」があげられています。このように，「自然とのかかわり」は，わが国の保育において，大切な要素となっていることがわかります。

そこで，まずは「自然」の特徴や意味について考えてみたいと思います。

➡1　幼稚園教育要領「第2章　ねらい及び内容」の「環境」の「3　内容の取扱い」。なお，保育所保育指針，幼保連携型認定こども園教育・保育要領にも同様の記載があります。

1　なぜ「自然」とかかわることが大切なのか

❶ 自然と人工の違いは何だろう？

「自然とのかかわり」のもつ意味を考えるために，まずはその特徴を考えてみたいと思います。子どもたちは「自然物」とも「人工物」ともかかわって遊びますが，両者にはどのような違いがあるでしょうか。

Work 1　自然物と人工物の違い

自然物と人工物には，子どもたちがかかわって遊ぶ際にどのような違いがあるでしょうか。ノートを半分に分け，自然物と人工物を対比させながらその特徴を書き出してみましょう。ノートに書き出したら，次にグループで共有しながら，それらの特徴から生まれる遊びの特徴について考えてみましょう。

様々な意見が出てきたでしょうが，ここでは，筆者の考える一例を示してみます（図4-1）。まず，自然物は同じものが一つもない

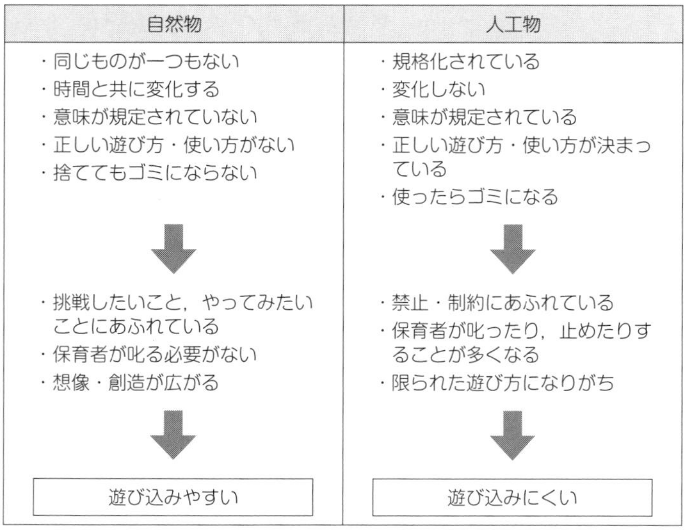
自然物
人工物
・同じものが一つもない
・時間と共に変化する
・意味が規定されていない
・正しい遊び方・使い方がない
・捨ててもゴミにならない
・規格化されている
・変化しない
・意味が規定されている
・正しい遊び方・使い方が決まっている
・使ったらゴミになる
・挑戦したいこと，やってみたいことにあふれている
・保育者が叱る必要がない
・想像・創造が広がる
・禁止・制約にあふれている
・保育者が叱ったり，止めたりすることが多くなる
・限られた遊び方になりがち
遊び込みやすい
遊び込みにくい

図４－１　自然物と人工物の違い

出所：松本信吾（編著）『身近な自然を活かした保育実践とカリキュラム――環境・人とつながって育つ子どもたち』中央法規出版，2018年，p. 140をもとに作成。

のに対して，人工物は規格化されており同じものです。自然物は多様性にあふれています。また，自然物は何に使うか意味が規定されていませんが，人工物は基本的に使う目的や使い方が決まっています。自然物は無目的なのです。その他にも様々な違いがあると思いますが，人工物で遊ぶ場合は，遊び方が決まっており，必然的に規制がかけられます。クレパスは投げたり折ったりして遊ぶものではなく，絵を描くために使うものです。一方で自然物で遊ぶ場合は，遊び方が決まっていないので，子どもの想像や創造が膨らみます。葉っぱは，ご飯にもお金にも手裏剣にもなるのです。また，子どもたちは枝を見ると思わず手に取ったり，泥があると触ってみたくなったりなど，自然は子どもたちを遊びにいざなう力があります（アフォーダンス[2]と呼ばれます）。また，規制がないので，保育者は子どもの行為を好意的に受け止めることができます。これらの特徴から，自然は子どもを遊びにいざないやすく，想像や創造を喚起し，結果として子どもたちが遊び込みやすい環境を提供しているといえるのではないでしょうか。

❷ 自然とかかわることの意味や目的は何か？

このことを踏まえながら，子どもたちが自然とかかわる目的を考

2　「活動を支える環境の性質」のことです。子どもは発達に必要なアフォーダンスを環境の中から発見し，それに繰り返しかかわり，自ら発達しようとする傾向があります（秋田喜代美（監修），東京大学大学院教育学研究科附属発達保育実践政策学センター（編著）『保育学用語辞典』中央法規出版，2019年，p. 121）。

えてみたいと思います。「自然とかかわる」というと，当然自然体験が思い浮かぶと思います。では，保育で自然とかかわることは，自然体験をさせることが目的なのでしょうか。筆者はいわゆる「森のようちえん[3]」と呼ばれる園に勤めたことがあります。そこには豊かな自然環境がありましたので，確かに多くの自然体験をさせることができました。しかし，保育を通してはっきりしたのは，自然体験自体が目的ではなく，あくまでも子どもの様々な心の育ちを促すことが目的であるということです。このことは，幼稚園教育要領解説に，以下のように示されています[4]。「幼稚園では，幼児期にふさわしい生活を展開する中で，幼児の遊びや生活といった直接的・具体的な体験を通して，人と関わる力や思考力，感性や表現する力などを育み，人間として，社会と関わる人として生きていくための基礎を培うことが大切である」。ここには，直接的・具体的な体験を通して，様々な能力や態度，つまりは人として生きていくための基礎を培うことが目的だということが示されています。そして，「幼児期の教育においては，幼児が生活を通して身近なあらゆる環境からの刺激を受け止め，自分から興味をもって環境に主体的に関わりながら，様々な活動を展開し，充実感や満足感を味わうという体験を重ねていくことが重視されなければならない[5]」。ここでいう自ら興味をもって環境に主体的にかかわる姿とは，言い換えれば「遊び込む」姿といってもよいでしょう。

先に述べた自然物の特徴をもう一度みてみましょう。自然物は子どもを遊びに誘いやすく，想像を喚起し，結果として遊び込みやすいと述べました。つまり，自然とかかわることには，人として生きていくための基礎を培うことにつながる，自分から興味をもって環境に主体的に関わる（遊び込む）ことを促し補償するという大切な意味があるのです。

❸ 自然とかかわることの独自の意味は何か？

では，自然とのかかわりの独自の意味はないのでしょうか。それがないのであれば，他の遊びや活動で代用できるので，特段自然とかかわることは必要ないということになります。それに関連する内容ついて，2017年に改訂された幼稚園教育要領の前文にある文章を一部引用します。「これからの幼稚園には，（中略）あらゆる他者を

➡3　自然体験活動を基軸にした子育て・保育，乳児・幼少期教育の総称。「森」は森だけでなく，海や川，野山などのフィールド，「ようちえん」は幼稚園だけでなく，保育園，自主保育などが含まれる。
（参考）森のようちえん全国ネットワークのホームページ，http://morinoyouchien.org/about-morinoyouchien

➡4　幼稚園教育要領解説「第1章　総説」「第1節　幼稚園教育の基本」「1　人格形成の基礎を培うこと」p. 24。

➡5　幼稚園教育要領解説「第1章　総説」「第1節　幼稚園教育の基本」「2　環境を通して行う教育（1）環境を通して行う教育の意義」p. 25。

価値のある存在として尊重し，多様な人々と協働しながら様々な社会的変化を乗り越え，豊かな人生を切り拓き，持続可能な社会の創り手となることができるようにするための基礎を培うことが求められる」。これは，持続可能な社会の担い手を育てようとするESD[6]（Education for Sustainable Development）の考え方を示したものだといえます。ESDには，環境や人権，平和など様々な内容が含まれますが，いずれも現代を生きていくうえで一人一人が自分のこととして担っていかなければならない切実な内容を示しています。そして，幼児期からその基礎を培うことの必要性を，この前文は述べています。

➡6　世界の環境，貧困，人権，平和，開発といった課題を自らの問題として捉え，身近なところから解決に取り組む意識をもつ「持続可能な社会の担い手」を育てる教育（秋田喜代美（監修），東京大学大学院教育学研究科附属発達保育実践政策学センター（編著）『保育学用語辞典』中央法規出版，2019年，p. 217）。

本章のテーマである「自然とのかかわり」で言うと，子どもの時期から「自然観」や「環境観」の基礎をいかに培っていくかが問われているわけです。このように述べると，子ども時代からそんな難しい環境問題を教える必要があるのか，という疑問も出てくるかもしれません。もちろん，子どもの時期は知識を教え込む時期ではありませんので，そのようなことは必要ないでしょう。子どもさながらの生活である，身近な環境と直接かかわることで，身の回りの環境が好きになり，それらとのつながりを感じていくことが，結果として「自然への愛情や畏敬の念」などの自然観の基礎となるものを育むことにつながるのではないでしょうか。現代社会は，自然とのかかわりが極端に少なくなっています。そして，私たちは自然の厳しさや不便さから離れ，便利で快適に過ごせるように発展してきました。だからこそ，子どもの時期から自然の雄大さ，美しさ，不思議さ，厳しさ，恐ろしさなどの様々な感情を体験し，自らがその中にいる体験をすることは，その後の環境に対する態度や考え方を築いていくうえで重要な意味があるのではないかと考えます。

2　自然とのかかわりの中身

それでは，自然とかかわるとは，具体的にはどのようなことなのでしょうか。ここでは，その中身をひもといてみましょう。

❶ 諸感覚（五感）を通した体験

保育所保育指針には，「1歳以上3歳未満児の保育に関わるねらい及び内容」における，「環境」の「内容」に次のことが記載されています。「安全で活動しやすい環境での探索活動等を通して，見る，聞く，触れる，嗅ぐ，味わうなどの感覚の働きを豊かにする」。これらの感覚の働きは，五感と呼ばれますが，子どもは，周りの環境に対して，五感すべてを用いてかかわっていきます。しかし，子どもを取り巻く環境は，五感すべてを働かせやすい環境とは言い切れないかもしれません。『産業教育機器システム便覧』[7]には，五感による知覚の割合が，味覚 1.0%，触覚 1.5%，臭覚 3.5%，聴覚 11.0%，視覚 83.0%とあり，視覚優位であることが示されています。そこで，他の感覚もまんべんなく用いることができる環境に子どもをおいてやることが大切になります。その意味で，自然環境は，様々な諸感覚を用いてかかわるのにうってつけです。季節によって様々に変わる色，それも一つとして同じ色はありません。耳をすませば，様々な音が聞こえてきます。植物の匂い，雨上がりの匂い，時には腐った匂いもあるでしょう。そして自然物の味は，繊細で複雑です。さらに，子どもがかかわるという意味で重要だと思われるのが触覚です。直接体験が重要な幼児期には，触ることでその対象と親しみ，深く関わることが可能になります。自然物は豊かな感触を伴っており，子どものかかわりにより柔軟に変化します。泥のしっとりとした感触，虫の力強さを伴った感触などは，今でも思い出せる人も多いのではないでしょうか。そして，土に水を加えると感触が変わるように，働きかけることでその触り心地は変化します。

このように，自然は子どもにとって諸感覚を十分に働かせることのできる環境だといえるでしょう。自然環境が多様な様相で五感を刺激することで，そこに様々な感情体験やかかわりが生まれ，遊びが生まれていくのです。

➡7　教育機器編集委員会編『産業教育機器システム便覧』日科技連出版社，1972年。

❷ 自然におけるかかわる対象

自然とかかわる遊びと言われて，みなさんはどのようなものが思い浮かびますか。みなさんが昔した遊びを思い出してみましょう。

Work 2　自然とかかわる遊び

自分が以前に行った，自然とかかわる遊びを思い出してノートに書いてみましょう。できればキャンプなどのイベントではなく，子ども時代に日常的に遊んでいたものの中で，楽しかったものを書いてください。ノートに書き出したら，次にグループで紹介し合い，出てきた遊びの対象をグループ化してみましょう。

ここでも様々な遊びが出てきたと思います。どのような対象が出てきたでしょうか。自然とのかかわりを，山田は，8つの原体験として挙げています[8]。

> ・動物体験　・草体験　・木体験　・土体験　・石体験
> ・水（雪・氷）体験　・火体験　・ゼロ体験（感情体験：暑さ，飢え，闇など）

みなさんが挙げた遊びも，ほぼこの中に含まれるのではないかと思います。ここでは，これらの中で，特に幼稚園や保育所，認定こども園で体験しやすいと思われるものを取り上げて，その特徴を考えてみましょう。

① 動物体験

ここでいう動物体験とは，飼育動物のとのかかわりも含まれますが，日常的に見られるのは，昆虫やダンゴムシ，カエルなどの小動物とのかかわりです。みなさんの中にも幼少期に虫捕りに明け暮れていたという人もいるでしょう。子どもたちはこれらのものに魅せられ，触ったり捕まえたりすることがよく見られます。

保育者が気付かない小動物の存在に，子どもたちが素早く気付いて心惹かれていくことに驚かされた経験のある方も多いでしょう。子どもたちは，そんな小さな命との距離が近いのでしょうね。虫などの小動物は，その動きや姿が子どもたちを魅了します。かかわることでその動きの力強さや繊細な美しさ，おもしろさや不思議さなどを子どもたちは感じ，捕まえ方や扱い方，飼い方などを学んでいきます。

一方で，これら命あるものとのかかわりは，保育者を悩ませやすいものでもあります。幼児が自分勝手な扱いをしたり，捕まえたま

➡8　山田卓三『生物学からみた子育て』裳華房，1993年。

ま放置したりすることで，死なせてしまうこともあるからです。このことは，第9章でもまた考えてみたいと思いますが，確かにいえることは，かかわることがない限り，それらのことを感じたり学んだりする機会が奪われるということです。煩わしい問題だから避けるのではなく，保育者もその必要性を自覚して，命あるものとのかかわりを支えていきたいものです。

② 草体験

これは，草花とのかかわりです。動物と違ってこれらのものは動きませんから，子どもたちがじっくりとかかわりやすい対象です。みなさんの経験でも，虫捕りよりも草花を使って何かを作ったりままごとをしたりしたという経験の方が多いかもしれませんね。草花は，摘む，集める，飾るなどの素朴な遊びもできますし，切ったりすり潰したりと多様なかかわりをすることができます。また，見た目や感触，匂いなど，五感を刺激する素材でもあります。

植物遊びの中には，草笛や豆笛，木の実での泡遊び[9]など，保育者が知らないとできない遊びも存在します。それをあまり知らないために，自然とかかわる遊びは苦手だと感じている方もいるかもしれません。しかし，筆者はそれらの知識がないと草体験ができないとは思いません。草体験の多くは，前述のように子どもたちの素朴なかかわりから生まれてくるものですから，子どもたちが感じていることに寄り添ったり，保育者自身が自然に対して不思議さやおもしろさを感じたりしていくことがより大事なのではないでしょうか。そのうえで，余裕が出てきたり興味が生まれてきたら，知識のある人に学んだり，自ら調べたりしていけばよいのではないかと考えます。

➡9　ムクロジやサイカチ，エゴノキなどの実にはサポニンが多く含まれているために，水と混ぜて泡立てて遊ぶことができます。

③ 土体験

自然環境の中で，季節を問わずかかわることのできる対象が土や砂，泥などです。園庭のない園もあるため，いつでもというわけにはいかないかもしれませんが，そのような園でも戸外に出かけると地面に触れることはできると思います。

みなさんの幼少期の遊びを思い出した際，土体験の遊びはどれほど出てきたでしょうか。泥だんご作りなどを思い出した人もいるでしょうが，土体験の遊びは日常的で地味ですから，経験した割に思い出した人は意外と少なかったかもしれません。しかし，筆者の保育経験を振り返ると，子どもたちがもっともかかわるのが土や泥，砂のような気がします。土や砂は豊かな感触を伴って子どもたちを包んでくれます。泥に手を入れた心地よさを思い出すことのできる方もいらっしゃるでしょう。また土や砂は，ままごとの材料になったり，山を作ったりと子どもの手で変化させやすく，子どものかかわりに対して柔軟に応答してくれる素材です。また，水を加えることで変化するなど，子どもたちが考えて試したり工夫したりしやすい素材でもあります。

④ その他の自然体験

木体験や石体験，水体験，火体験などは，置かれている環境や状況によって，日常的にはできない園も多いでしょう。それらの様々な自然体験を子どもたちが行うためには，保育者の意識と工夫が必要となります。危険さや汚れることを受け入れながら，木登りや石や水を使った遊びを行っていったり，木の枝や葉っぱ，木の実がたくさんある公園に出かけたり，火を使って落ち葉焚きを経験できるようにしたりなどです。保育者の意識が，子どもたちの幅広い対象とのかかわりを支えていきます。

3　自然とのかかわりを通した経験内容

自然とかかわることを通して，子どもはどのような経験をするのでしょうか。図４－２は，広島大学附属幼稚園が，自然の中での体験内容をまとめたものです。

図４－２には，第２節「自然とのかかわりの中身」で示した諸感覚を通した原体験を通して，子どもたちが楽しさや不思議さなどの感情体験が生まれていることが示されています。そしてそこから興味や関心，意欲が引き出され，「試行錯誤・探求」などの様々な体験が引き出されていることがわかります。ここでは，図４－２の流れを参考にしながら，幼児の経験内容について，幼稚園教育要領や保育所保育指針に記された領域「環境」の「内容」の中から，特に自然とのかかわりと関連が深いものを取り上げて考えてみたいと思

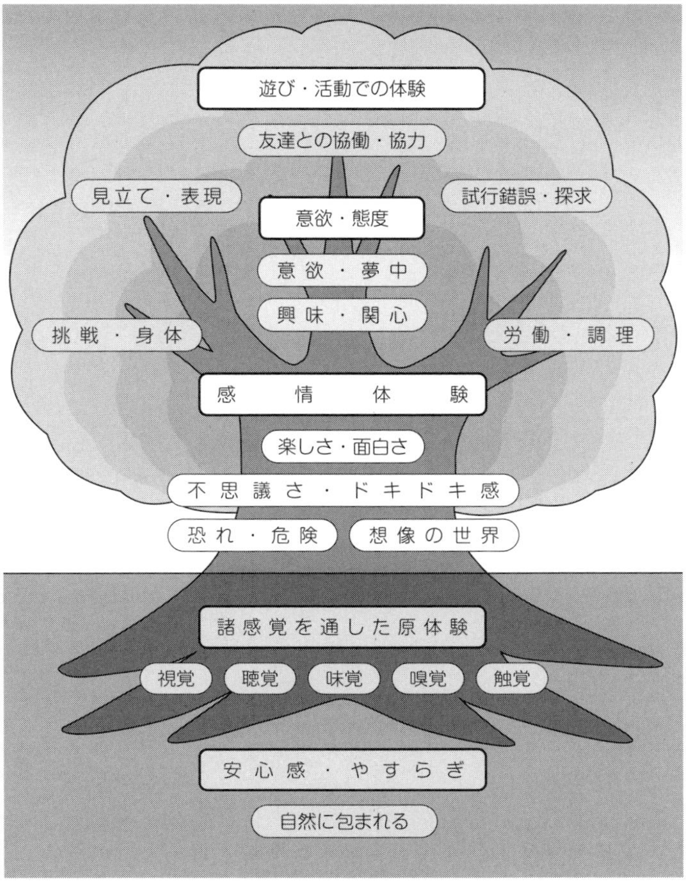

図4－2　森の保育における幼児の体験内容の構造図

出所：松本信吾（編著）『身近な自然を活かした保育実践とカリキュラム――環境・人とつながって育つ子どもたち』中央法規出版，2018年，p. 26をもとに作成。

います。

（1）自然に触れて生活し，その大きさ，美しさ，不思議さなどに気付く。[10]

10　幼稚園教育要領「第2章　ねらい及び内容」の「環境」の「2　内容」（1）。

自然の大きさや美しさ，不思議さなどに気付くことのたいせつさが，内容のはじめに記されています。これは，図4－2では「感情体験」として示されている部分です。自然の中では，美しさやおもしろさなどのいわゆる正の体験だけでなく，恐れや不気味さなどの負にも見える体験ができることが，一つの特徴だと思います。

では，子どもたちは大きさや美しさ，不思議さなどに，どのようにして気付くのでしょうか。このことに関する考え方は様々あると思いますが，筆者は，子どもには美しさや不思議さを感じる感性が備わっていると考えます。「センス・オブ・ワンダー」という言葉を聞いたことがあるでしょうか。レイチェル・カーソンが使った言葉です。少し長いですが，引用してみます。「子どもたちの世界は，いつも生き生きとして新鮮で美しく，驚きと感激にみちあふれています。残念なことに，わたしたちの多くは大人になるまえに澄みきった洞察力や，美しいもの，畏敬すべきものへの直感をにぶらせ，あるときはまったく失ってしまいます。もしもわたしが，すべての子どもの成長を見守る善良な妖精に話しかける力をもっているとしたら，世界中の子どもに，生涯消えることのない「センス・オブ・ワンダー＝神秘さや不思議さに目を見はる感性」を授けてほしいとたのむでしょう[11]」。このように，子どもたちは神秘さや不思議さに目を見張る感性を備えているというのです。そして，「妖精の力にたよらないで，生まれつきそなわっている子どもの『センス・オブ・ワンダー』をいつも新鮮にたもちつづけるためには，わたしたちが住んでいる世界のよろこび，感激，神秘などを子どもといっしょに再発見し，感動を分かち合ってくれる大人が，すくなくともひとり，そばにいる必要があります」とあります。つまり，子どもたちは，自然とかかわることを保障すれば，美しさや不思議さを感じる感性をもっている，保育者は，子どもと一緒に感動を分かち合う存在であれ，というのです。このことは，保育者になるみなさんに是非大事にしてほしい考え方です。

[11] レイチェル・カーソン，上遠恵子（訳）『センス・オブ・ワンダー』新潮社，1996年。

（2）自然などの身近な事象に関心をもち，取り入れて遊ぶ。[12]

[12] 幼稚園教育要領「第2章　ねらい及び内容」の「環境」の「2　内容」（4）。

ここに示された内容は，図4－2の上部の「見立て・表現」や「試行錯誤・探求」で示されている部分です。図4－1に示したように，自然物は意味が規定されていませんので，様々なものに見立てることができます。そして，その多様性から，その子なりの表現が引き出されやすい素材です。花びら，葉っぱ，木の実，木ぎれ，土など実に様々なものを子どもたちは取り入れて遊んでいきます。そして，花びらでもっときれいな色を出すにはどうすればよいか，ドングリが最後まで転がるにはどうするか，など遊びでおもしろいと感じたことを試したり追求したりしていきます。

自然とのかかわりは，自然物だけではありません。自然事象とのかかわりもあります。自然事象とは雨，風，光，音などです。子どもたちはセンス・オブ・ワンダーを働かせて自然事象とかかわっていきます。例えば雨一つをとっても，雨の音を聞く，雨の日の香りを嗅ぐ，雨に打たれる，雨を食べてみるなど，五感を通してかかわることができます。また，雨が流れる様子から水を流す遊びが始まったり，水たまりに足を踏み入れる遊びが始まったりします。

（3）身近な動植物に親しみをもって接し，生命の尊さに気付き，いたわったり，大切にしたりする。[13]

➡13　幼稚園教育要領「第2章　ねらい及び内容」の「環境」の「2　内容」（5）。

ここに示された内容は，まさに自然とのかかわりならではのものであり，前述したように「自然観」や「環境観」の基礎となる部分といってもよいでしょう。「幼児期の終わりまでに育ってほしい姿」にも「自然との関わり・生命尊重」として強調されているところです。そこには，以下の一説があります。「自然に触れて感動する体験を通して（中略），自然への愛情や畏敬の念をもつようになる。また，身近な動植物に心を動かされる中で，生命の不思議さや尊さに気付き，身近な動植物への接し方を考え，命あるものとしていたわり，大切にする気持ちをもって関わるようになる[14]」。ここに描かれている姿は，理想的でその通りだともいえます。自然に触れて感動する体験や，身近な動植物に心を動かされることが大事なのは間違いないでしょう。ここで大事にしてもらいたいのは，手段と目的をはき違えないことです。ここで，「身近な動植物に親しみをもって接する」ことが手段で，「生命の尊さに気付く」ことが目的になると，そのために飼育動物を育てましょう，虫捕りをして命について考える機会をもちましょう，というように，子どもたちのかかわりが手段化されてしまいます。先にも述べましたが，生命の尊さに気付くために，自然とかかわったり飼育動物を育てたりしているのではありません。そして，自然とかかわったり飼育動物を育てたりしたら，生命の尊さに気付くという単純なものではないと思います。現にこれを読んでいるみなさんも，幼少期に園や学校で飼育動物の世話をしたことがあるでしょうが，それが生命の尊さに気付くことにつながりましたか。もちろん，つながった方もいるでしょうが，そう単純ではないことはわかっていただけると思います。

➡14　幼稚園教育要領「第1章　総則」「第2　幼稚園教育において育みたい資質能力及び『幼児期の終わりまでに育ってほしい姿』」。なお，保育所保育指針，幼保連携型認定こども園教育・保育要領にも同様の記載があります。

Work 3　生命の尊さに気付くためには

「幼児期の終わりまでに育ってほしい姿」に示されている「自然への愛情や畏敬の念をもつようになる」「生命の不思議さや尊さに気付」く姿は，どのような経験を通して育まれるでしょうか。幼児期にどのような経験をすることが大事かを考えてみましょう。

このWorkを考えるのはなかなか難しかったと思います。私も「こうすればよい」という答えをもっているわけではありません。

このことを考える手がかりとして，以下のエピソードを読んでみましょう。

Episode 1　カマキリがカマキリを食べる

3歳児のユウタがカマキリを捕まえて虫かごに入れていた。そこに小型のカマキリが現れたので，また捕まえて同じ虫かごに入れた。

しばらくしてユウタは「あ！」と叫んだ。見ると，大きいカマキリが小さいカマキリを羽交い締めにしていた。ユウタは「ダメ！」と叫んで何とか「離れて」と言いながら引き離そうとするが，大きいカマキリはびくともしない。全く離れそうにないので，ユウタも引き離すことは諦めた。

周りの子どもたちも食い入るようにカマキリを見つめる。すると，大きいカマキリは，まず小さいカマキリのカマを噛み切った。「あ，手が」と話した子どももいたが，もう一本のカマを噛み切り，ついに頭を噛み切ったときには，誰も何も言わずに見ていた。大きいカマキリは，胴体から頭とカマを噛み切った後，悠々と胴体を食べ始めた。

ここで，保育者は最初から最後まで何もしゃべっていません。小さなカマキリの命を大事にするために，「一緒に入れたら食べられるよ」と伝えておけばよかったのでしょうか。または，食べられている場面で，「かわいそうだね」「別に入れたらよかったね」と言えばよかったのでしょうか。はたまた「こうやって命はつながっているんだよ」と説明すればよかったのでしょうか。それはわかりませんが，この場に出会ったらそのような言葉を安易に語ることがはばかられるように思います。保育者自身がその世界に衝撃を受け，命と命の厳粛なぶつかり合いを感じていたのです。子どもたちはどう感じたかはわかりません。しかし，黙ってその様子を一緒に見ている中に，何か命の厳粛さに関して通じ合う感覚があったように思うのです。生命の不思議さや尊さは，このような命の事実と向き合う体験を通して，その一端が育まれるものかもしれません。

もう一つ考えてほしいのが，保育者自身の自然観や環境観です。ゴキブリやハチが近くに来たら，大声で騒ぎ立て殺虫剤で殺すなど，人間にとって不快なもの不要なものは平気で排除する姿を見せておいて，「命は大事だよ」と子どもに言って通じるものでしょうか。ここで伝えているメッセージは「人間にとって都合のよい命だけ大事にしよう，他は排除しよう」というものではないでしょうか。もちろん，危険生物との棲み分けや，子どもの安全は大事です。とはいえ人間の都合だけで他の命の選別をする姿勢は，「畏敬の念」とは真逆のもので，自然は人間の都合のよいように利用するもの，という発想を助長するように思います。

子どもたちは，保育者の自然や環境に対する態度を肌で感じています。「自然への愛情や畏敬の念」を感じるためには，周りにいる大人の態度も含めてどのような環境で育つかが重要だと思います。

（4）その他の経験内容について。

自然とのかかわりを通して経験することは，その他にも図4-2に示しているように様々あります。自分の全力を使ってスリルを味わったり挑戦していったりする経験（「挑戦・身体」）や，食べられるものを育てたり探してきたりして調理する活動（「労働・調理」）などは，自然とのかかわりの中で生まれやすい経験でしょう。

一方で，自然とのかかわりとは直接関係なさそうな人とのかかわりの内容である「友達との協働・協力」の経験に関しても，友定は自然という環境が，「からだレベルでの協働を促し」，「共有されやすく力強い，骨太の表現」を生み出すこと[15]を述べています。このように，人とのかかわりに関しても，自然と関わることによる経験の意味が示唆されています。

15　友定啓子「『森の幼稚園』の保育的意義――人とかかわる力を育む視点から」『研究論叢　芸術・体育・教育・心理』61，2011年，pp. 269-282。

4　自然とのかかわりを通して生まれる育ち（学び）

ここまで，自然とのかかわりの中身や自然とのかかわりを通した経験内容を考えてみました。自然とのかかわりは多岐に渡り，経験する内容も多様であることが見えてきたと思います。第1節で述べたように，自然は，その特性から，子どもがかかわりやすく遊び込みやすい環境です。ですから，自然とのかかわりを通して生まれる育ち（学び）は何かという問いは，子ども時代に遊びを通して何が育つかという問いと同じ広さをもって考えないといけない面があります。そこで答えとしては，諸感覚，情緒，身体，社会性，想像力，思考力，主体性，自己など様々なものが挙げられることになると思います。まずは自然とのかかわりを通して生まれる育ち（学び）の内容を，自然体験や命のことに限定せずに，広く捉える必要があることに留意してください。

一方，自然とのかかわりならではのものとしては，第３節で説明したように，様々な感情体験や生命への畏敬の念，自然観の育ちなどがあげられると思います。これらのものは，「センス・オブ・ワンダー」を豊かに働かせることのできる子ども時代に，ぜひとも直接体験を通して育みたいものです。ただ，これらの内容も，自然体験をすれば育つという短絡的な形で考えるのではなく，子どもたち一人一人の経験を，身近な保育者がどのように受け止め支えるかが重要になります。このことは第９章でまた考えてみましょう。

Book Guide

・レイチェル・カーソン，上遠恵子（訳）『センス・オブ・ワンダー』新潮社，1996年。
子どもたちが本来もっている，そして私たちが失ってしまったであろう感性について教えてくれる本です。子どもの自然環境を考える上で必読だと思います。

・井上美智子・無藤隆・神田浩行（編著）『むすんでみよう子どもと自然――保育現場での環境教育実践ガイド』北大路書房，2010年。
自然とのかかわりがなぜ必要かという基本理念，それに基づいた自然とのかかわりの具体的なあり方や方法，環境教育の観点からの自然とのかかわりを示すとともに，実践に具体化しようとしている保育現場の事例を網羅した本です。

・河合雅雄『子どもと自然』岩波書店，1990年。
人類学の立場から，サルの社会とも比較しつつ，自力で生きる能力の衰退など現在の状況をふまえて，人間の発達にとって自然の果す役割と，これからの教育はどうあるべきかを示唆した本です。

Exercise

1. 自然とのかかわりを通して生まれる育ちについて，①自然以外とのかかわりを通して生まれる育ちと共通しているものと，②自然とのかかわりを通して生まれる独自の育ち，についてそれぞれ考えてみましょう。

2. 保育の場である子どもを観察し，その子どもがどのような対象の自然とかかわっているか，そこでどのような経験をしているかについて考え，エピソードとして記録してみましょう。その後，エピソードを数人で読み合いながら，自然における対象や経験の多様性について考えてみましょう。

第 5 章

社会とのかかわりを通して生まれる育ち（学び）

「募金おねがいしまーす」「ありがとうございます」この日は中学生のおにいさんやおねえさんを手伝って募金活動をしました。子どもたちは社会とどのようなかかわりをもち，何を感じたり考えたりしていくのでしょう？

子どもは身近な人や地域とかかわりながら生活し始めます。また，台風や地震など，様々なニュースなども見聞きします。自分を取り巻く社会で起こっている出来事を知り，喜んだり悲しんだり，不安に感じたり感謝したりします。子どもにとって「身近な社会」とはどのようなものなのでしょうか？　また，社会とのかかわりの中で子どもたちはどのような体験をして成長していくのかについて考えていきましょう。

1 社会とのかかわり

Work 1 「社会」ってなに？

①あなたが「社会」という言葉からイメージしたものを付箋に書き出してみましょう。
②２人組をつくり，その付箋に書いた言葉を使って，あなたがそれをイメージした理由について紹介し合ってみましょう。

❶ 乳幼児期における「社会」とは？

「人間は社会的動物である」という言葉を耳にしたことがありますか。これは，古代ギリシャの哲学者アリストテレスの言葉であるといわれます。正確にはアリストテレスが著書『政治学』[1]において，人間は「ポリス的動物である」と述べています。ポリスは「都市国家」と訳されることが通常です。人間は，自己の自然本性の完成をめざして努力しつつ，善く生きることをめざす人同士の共同体であるポリス的共同体をつくることで，人間的な完成に至るということでした。古代から，私たち人間の成長にとって，社会とのかかわりが重要とされてきたことがわかります。

➡1　アリストテレス，山本光雄（訳）『政治学』岩波書店，1961年。

「社会」とは，人間が集まって共同生活を営む際に生活空間を共有したり人と人が相互に結びついたり，影響を与え合ったりしている人々のまとまりのことをいいます。では，子どもにとって，「社会」とはどのようなものでしょうか。

Work 2 子どもにとっての「社会」ってなに？

幼い子どもにとって，身近な「社会」とは，どんな人たちで構成されているのでしょう。
①新生児・乳児・幼児と，子どもたちが生まれて出会う身近な「社会」を，成長の過程に沿って書き出してみましょう。
②５，６名でグループをつくり，グループの中でそれぞれの「社会」について説明してみましょう。

「社会生活」とは，文字通り，社会の一員として行う生活のことです。では，子ども期における「社会生活とのかかわり」とはどのようなものでしょう。また，遊びの中で子どもが発達していく姿とはどのようなものなのでしょう。

ここでは，生活の中で子どもが自分を取り巻く社会に関心を向け，自分の生活する地域とのつながりを感じることや自分の生活と社会とのかかわりに気付いたり考えたりすることについて考えていきます。

❷いろいろな人とのかかわり――家族から地域へ

子どもたちは，まず，親や祖父母など身近な家族から愛されていることに気付き，家族を大切にしようとする気持ちをもつようになります。そして，次第に友達や小学生・中学生，高齢者や働く人々など自分の生活に関係の深い地域の人々との触れ合いの中で，自分から親しみの気持ちをもって接し，自分が役に立つ喜びを感じるようになります。

さらに，四季折々の地域の伝統的な行事などへの参加を通して，自分たちの住む地域のよさを感じ，地域が育んできた文化や生活などの豊かさに気付き，一層親しみを感じるようになっていくでしょう。

このような体験の中で，幼児期の終わりまでに育ってほしい「社会生活との関わり」における，いろいろな人と関わる資質・能力が育まれていきます。

> 家族を大切にしようとする気持ちをもつとともに，地域の身近な人と触れ合う中で，人との様々な関わり方に気付き，相手の気持ちを考えて関わり，自分が役に立つ喜びを感じ，地域に親しみをもつようになる。[2]

➡2　幼稚園教育要領「第1章　総則」「第2　幼稚園教育において育みたい資質・能力及び『幼児期の終わりまでに育ってほしい姿』」3（5）。なお，保育所保育指針，幼保連携型認定こども園教育・保育要領にも同様の記載があります。

❸公共心と市民性――公共のものにかかわることから世界につながっていく

園での集団生活の中で，子どもは遊びや活動の目的をかなえるために必要な情報を得て，友達同士で伝え合ったり，活用したり，情報に基づいて思いや考えを合わせて活動したりするようになります。

そして，公共施設を訪れ，それがみんなの物であり自分に関係の深い場であることがわかると，大切に利用するようにもなります。

さらに，国旗が掲揚される様々な行事への参加や，運動会などの行事において自分で国旗を作ったりして日常生活の中で国旗に接し親しみを感じることにより，日本の国旗や国際理解への意識や思いが芽生えるようになっていきます。

このような体験の中で，幼児期の終わりまでに育ってほしい社会生活とのかかわりにおける公共心や市民性につながる資質・能力が育まれていきます。

「市民性」とは，基本的人権を有する主体としての自覚と行動（社会参加）の仕方です。それは，一人一人が地域社会の一員として，どのように生活し，様々な課題にどう向き合い協力し合って，より暮らしやすく活力のある地域づくりに取り組めるかを問うものです。

> 幼稚園内外の様々な環境に関わる中で，遊びや生活に必要な情報を取り入れ，情報に基づき判断したり，情報を伝え合ったり，活用したりするなど，情報を役立てながら活動するようになるとともに，公共の施設を大切に利用するなどして，社会とのつながりなどを意識するようになる。[3]

➡3　幼稚園教育要領「第1章　総則」「第2　幼稚園教育において育みたい資質・能力及び『幼児期の終わりまでに育ってほしい姿』」3（5）。なお，保育所保育指針，幼保連携型認定こども園教育・保育要領にも同様の記載があります。

保育の実践においては，子どもたちが家族や地域の人々とよりよくかかわることができるように保育内容を考えていくことが求められています。

また，「情報」という言葉が何度も登場していますが，IT 化が進む社会の中で，情報の取り入れ方や扱い方，モラルなどについても子どもたちなりに考えていくことも今後の課題の一つといえるでしょう。

2 環境から見えてくる「社会」と社会とのかかわり方

❶ 記号の意味やメッセージに関心をもつ

私たちの社会は無益なトラブルを避け，暮らしやすくするためのいろいろなルールや約束事があります。社会の習慣的な約束によって，一定の内容を表すために用いられる文字・符号・標章などの記号がその約束事やルールを端的に表していることはご存じの通りです。言語や文字や数字も記号の一つと考えられていますが，広い意味では交通信号などから，例えば，サッカー日本代表のエンブレムのような象徴的なもの，つまりシンボルまでを含みます。

文字や数字以外に，子どもたちが日常生活でよく目にする標識は，人々に情報を示すために作られた視覚的な記号です。道や建物の中や外に設置して情報提供用に利用されています。また，標示とは，ペイントや道路びょう[4]などによって路面に示された線や記号，文字のことをいいます。規制標示と指示標示の２種類があります。

➡4　道路びょう
交差点などの視認性を高めるため，路面に埋め込む金属製のびょうのことです。電灯や反射材を組み入れたものが多いです。

文字や数字などは言うまでもありませんが，私たちの社会では，様々な標識や標示を使ってこれらの意味やメッセージを伝えています。

例えば，「駅」や「学校」，「立ち入り禁止」の標識等がそうです。また，国旗などのように何かを代表するシンボルのようなものもあります。子どもたちは生活の中でこれらについて少しずつ学んでいきます。

私たち保育者はこれらの意味を担っている記号について子どもが関心をもったり注意を向けていくように援助したり，その意味を伝えたりしていくことが大切です。このような保育者の姿が，子どもの視野を広げたり，より広い社会へとつながっていくことを促すからです。

幼児期においては，交通安全をはじめとして自分を守るために知っておくべきものについては機会をつくって，繰り返し指導していくことも大切です。交通安全教室や避難訓練等は，事前事後の指導や実地の指導もあわせて行うようにして，自分の生命や身体を守れる知識や態度を育てていきたいものです。

子どもを取り巻く生活空間にある様々な標識や文字，数字等の環境や生活に関係の深い情報や施設等を窓口にして，社会生活とのかかわりを通して生まれる子どもの育ちや学びについて考えていきましょう。

❷ 乳幼児を取り巻く標識・文字等の環境と，それらへの興味・関心，それらとのかかわり方

Episode 1　園外保育「美術館へ行こう」（５歳児，10月）

保育者に引率されて駅の構内に入ってきた子どもたちは，改札口の前に並んだ。保育者が人数確認をする。

女児が「先生，切符は？」と少し心配そうな表情で尋ねたので，保育者が「大丈夫。ほら，団体割引チケット。これで，みんな乗れるよ」と両手で広げて，子どもたちに見せると，「おおーっ」と安堵したようなどよめきが起こった。

「鳴門行きって，どこ？」と聞いてきた男児に，保育者は「２番の乗り場だよ。ほら８：55（８時55分）って」と応えた。

男児は「あっ。本当だ。よろしくお願いします」と駅員に会釈した。

保育者が先頭で改札を通っていくと，子どもたちも口々に「お願いします」「ありがとうございます」などと言って，２番乗り場に向かう。「ここ，『２』」と指さして確認している子どももいる。

「この線に沿って２列で並んでね。後ろの方の人は気をつけて。これは点字ブロックと言ってね，目が不自由で見えない方たちが杖をついて歩いて行かれるの」との保育者の言葉に，子どもたちはその通路をあけた。

「わー」「来たー」子どもたちの歓声の中，列車がホームに入って来た。

乗客たちが降りるのを待って，車内に入っていく。子どもたちは静かに席に着いた。

乗客が座っている席には，「失礼します」と言って座る。

「賢いね。どこの幼稚園？　遠足？」と乗客の女性に尋ねられると，「○○幼稚園です」「○○美術館に行きます」と答えている。

列車が走り始めると，「わあー」と小さな歓声が沸いた。ホームで待つ人たちが手を振ってくれるのに応えて手を振っている。

「あっ。さっき歩いてきた道」「体育館」など，幼稚園周辺の親しみのある場所や施設を見つけている。

「〇〇駅」と車内アナウンスがあると，駅名の表示に目を向けている。

しばらく走ると鉄橋が見えてきた。「わあー。すごい」川を見ながらつぶやくと，周りの子どもたちも「おっきいね」「長いね」と口々に言う。

「この川は吉野川。一級河川といって大きな川だよ。ほら，最後は海につながっている」と言う保育者の説明に「ほおーっ」と頷いている。

一面にさつま芋畑が広がる風景に，「あっ，お芋」「この畑のは，もう掘ってなくなっている」「向こうの畑でおじさんたちがお芋掘ってるよ」と見入っている。

目的の駅に着いた。

保育者に誘導されて子どもたちが降りてきた。改札口で係の人に「ありがとうございます」と礼を言って保育者の後に続いた。注意して点字ブロックを避けて歩いている。

「さあ。着きましたよ」保育者の言葉に，子どもたちは『やっと着いた』という表情を見せている。

玄関で学芸員の女性が迎えてくれている。「お世話になります」と保育者が挨拶すると，子どもたちも「こんにちは」「お願いします」と小声で挨拶しながら，学芸員さんの前に整列した。学芸員さんの自己紹介に続いて，絵画の説明が始まった。

Episode 1 からは，園外保育の中で子どもが自分を取り巻く社会に関心を向け，自分の生活する地域とのつながりを感じることや自分の生活と社会とのかかわりに気付いたり考えたりしている様子がわかります。例えば，

・ホームや駅名の表示等に注意している。また，それらの意味を知ろうとしている。

・乗車のマナーや個人や団体などの乗車ルールについて気付いている。

・公共の場である列車や駅，美術館でのルールやマナーについて知り，行動している。

・地域名産のさつま芋が秋の収穫時期を迎えていることに気付いたり，川の大きさに感動したりしている。

などです。

この他にも子どもを取り巻く標識・文字等の環境はいろいろなものがあることが推察できます。次の Work 3 でさらに具体的に考察していってみましょう。

Work 3　子どもを取り巻く標識・文字等の環境

① Episode 1 の駅のホームの写真から，子どもたちを取り巻く標識や文字等の環境にはどのようなものがあるのか，5，6名のグループで話し合いましょう。
②駅の標識や文字等の環境への子どもの興味・関心やそれらとのかかわり方，園外保育の体験の中で学ぶ事柄について，グループでまとめ，代表者によって発表し合いましょう。
③駅の写真に写っているものや写っていない標識・文字等を含めて，子ども向けの表示を提案してみてみましょう。

❸ 乳幼児の生活に関係の深い情報・施設と，それらへの興味・関心，それらとのかかわり方

地域社会における文化や伝統，生活に関係の深い情報や施設，異なる文化等に触れると言うと，子どもに何か特別な活動を提案する必要があるかのように思われますが，必ずしもそうではありません。むしろ，子どもたちの日常の生活の中にそれらはあふれています。

子どもたちは生活している環境の影響を強く受けるので，発達に応じた環境からの刺激とはどのようなものが望ましいかを考えることが大切です。

例えば，子どもたちが交通安全教室を経験すると，よく警察官や交通巡視員さんに親しんだり憧れたりすることが知られています。消防訓練の時の消防士さんも同様です。すると，派出所や警察署，消防署等についての認識ができます。さらに，市民の安全を守る警察官たちの仕事の内容や存在の意義についても関心がもてるようになり，感謝の気持ちも育っていきます。

もっと小さい乳幼児たちにもそのような姿が見られます。「あっ，ピーポー，ピーポー」と救急車のサイレンに敏感に反応する２歳児たちは，園の近くに救急病院があることに気付くようになります。また，「ピーポー」の音がやむと，けが人や病人が無事に病院に着いたことを知ることでしょう。さらに，その病院は自分が熱を出したり怪我をした時に助けてくれる重要な施設であることも認識していきます。

５歳児にもなると生活が広がり Episode 1 のような駅や美術館などの文化的な施設とのかかわり合いももてるようになっていきます。

子どもたちにとって，地域社会における文化や伝統，生活に関係の深い情報や施設，異なる文化等に触れることは，大人たちの姿に憧れ，探索・探求したり模倣してごっこ遊びに展開したりする動機づけにもなっていることです。

私たち保育者は，乳幼児からの発達や生活の広がりを理解しながら子どもたちにとって意味のある情報や施設とはどのようなものかを考えてみることが大切です。例えば，自分たちの園の施設や設備，園の行事や地域でのゴミ出しや清掃や廃品回収，聞こえてくる広報のアナウンスやテレビなどから流れるニュース等々，保育者自身が日常の生活を見つめ直すことで，乳幼児の発達にあった興味・関心のもち方やかかわり方が見えてくることでしょう。

情報とは，ある物事の内容や事情について知らせてくれるものです。子どもたちは情報を通して何らかの知識を得て学んでいきます。従って，子どもたちが触れる情報について調べたり，自分なりの知識や意見をもっておくことも保育者として大切な態度となるでしょう。なぜなら，子どもたちは身近な大人の姿を通して社会とのかかわりをもっていくからです。

人に尋ねる，本で調べる，実際に現場に行ってみる，インターネットの情報を活用する等々，情報の得方，集め方にはいろいろな方法があります。保育者として大切にしたいのは，子どもの発達にあわせて情報の種類や内容，情報の収集方法や活用方法を考え，広げたり深めたりしていくことです。

例えば，「どうして？　なぜ？」と何度も何度も質問してくる３歳児たちは，保育者をはじめとした他者への関心や信頼が形成されてきて，その人から自分への好意や関心を得たい気持ちがあります。もちろん保育者が生身の身体や言葉で情報を伝えることが大切です。

でも５歳児になって，より広い世界や専門的な知見への知的好奇心が高まってくると，保育者のもつ情報量では十分ではないかもしれません。より専門性をもった人との出会いをつくったりインターネットの情報を活用することも有効になってきます。保育の軸を「乳幼児期にふさわしい子どもの発達」において保育を構想していくことが必要です。

Work 4

Episode 1の「駅」について，その語源や歴史についての情報を集めてレポートしてみましょう。辞典，コンピュータや情報通信ネットワークなどを使って調べてみましょう。
①「駅」の意味は？　駅の歴史は？
②現在の鉄道の駅の働きや機能とは？

小学校では，各教科等において，インターネットの情報などの積極的な活用を通じて，その基本的な操作の習得や，情報モラル等に係わる指導の充実を図ることが求められます。

特に，「総合的な学習の時間」においては，「情報に関する学習を行う際には，探究的な学習に取り組むことを通して，情報を収集・整理・発信したり，情報が日常生活や社会に与える影響を考えたりするなどの学習活動が行われるよう」配慮することが明言されています[5]。道徳においても，その指導に当たって，「発達の段階や特性等を考慮し，（中略）情報モラルに関する指導を充実すること[6]」とするとされているように，人権をはじめとして情報の取り扱いについての意識も私たち保育者にも問われている問題です。

5　小学校学習指導要領「第5章　総合的な学習の時間」「第3　指導計画の作成と内容の取扱い」2（9）。

6　小学校学習指導要領「第3章　特別の教科　道徳」「第3　指導計画の作成と内容の取扱い」2（6）。

Book Guide

・**大豆生田啓友・渡邉英則（編著）『保育方法・指導法』ミネルヴァ書房、2020年。**
保育の方法や指導方法についての基本が具体的にわかりやすく示されています。「環境を通した教育」「遊び」等、保育のキーワードがとても理解しやすいです。

・**「幼稚園教育要領解説」「保育所保育指針解説」「幼保連携型認定こども園教育・保育要領解説」**
これらは，私たち保育者が現場で国民教育を担うための指針です。「教育」は，お母さんやお父さん，おじいちゃんやおばあちゃんはじめ，ボランティアさん等，様々な人が行っている人間的な営みです。家庭教育など広い意味での「教育」です。しかし，これらの方々と専門家としての私たちの間に引かれる一線が，これら3法令と呼ばれるものです。保育という仕事を通して社会，つまり国民教育に貢献することが私たち保育者の使命であり，誇りです。特に，身近な環境とのかかわりに関する領域「環境」の記述内容や「幼児期の終わりまでに育ってほしい姿」について読んでみてください。

Exercise

1. あなたの学校の近隣にある施設を書き入れた子ども向けの「まちたんけんマップ」をつくりましょう。
2. 「まちたんけんマップ」の中の施設を役割や働きによって分類してみましょう。また，子どもにわかるような解説をつけましょう。

第Ⅱ部

保育内容（領域「環境」）の指導法

第 6 章

保育における「領域」の意義と領域「環境」のねらい及び内容

園庭にできた大きな水溜まりで遊び始めたＡ君とＢ君。２人は何を楽しんだり，味わったりしているのでしょう。

お天気のいい日に，砂場で水遊びをしていた年長さんたちが水道からつないできたホースやバケツで運んできた水が流れ出し，園庭のあちこちに水溜まりができました。それを見つけた１歳児のＡ君とＢ君。すぐに靴と靴下を脱いで水溜まりに入りに来たＡ君は，水と泥の感触が気に入ったのか，水溜まりに両手も入れて，泥の中に手を埋めて抜いてみたり，泥を集めては崩してみたりと両手両足を使って楽しんでいます。一方，最初は，足を水に入れるのに抵抗があったのか，少し慎重に水溜まりに入ったＢ君は，Ａ君の様子を見て，自分でも足を入れたり出したりし始めました。だんだん水に足を入れる瞬間の感触や音が楽しくなってきたのか，少しずつ，バシャ，バシャと勢いをつけて足を入れたり，出したりを楽しんでいます。

何気ない一コマに見えますが，水や泥の感触，それらが組み合わさった時に生まれる変化のおもしろさ，さらには自分の体を使って生み出す反応の楽しさなど，２人が身近な環境にかかわって，様々な試しや発見をし，その喜びを味わっている様子が伝わってきます。さらには，そのような環境との出会いが，異年齢の子どもたちの活動から偶発的に生み出された場や，自分にとって身近な友だち，さらには，それを優しく見守ってくれている保育者のまなざしがある安心感など，様々な要素に支えられて生み出されていることにも気付かされます。本章では，そうした子どもたちの環境との出会いと，それを支えているものについて，「領域」という視点を手がかりに探ってみたいと思います。

1 保育の基本と「領域」の意義

❶ 保育の基本とは

第Ⅰ部では，乳幼児期の子どもたちを取り巻く多様な「環境」と，それらとのかかわりを通して生まれる子どもたちの育ちや学びについて，様々な子どもの姿から探ってきたことと思います。それらの学びを踏まえ，第Ⅱ部では，子どもたちが多様な環境とかかわることで生まれる育ちや学びを支えていくための保育の在り方や，それを考えるために必要な視点について考えていくことにしましょう。

そこで，まず，本章では，現行の幼稚園教育要領や保育所保育指針，幼保連携型認定こども園教育・保育要領（以下，幼稚園教育要領等）における保育の基本的な考え方について確認し，保育内容の捉え方や，領域「環境」の意義などについて学んでいきたいと思います。

幼稚園や保育所，認定こども園などの保育の場において，子どもたちは，どのように学びや育ちにつながる経験を重ねているのでしょうか。まずは，日常の園生活の中で見られる遊びの場面から考えてみましょう。

Episode 1　それぞれの試しと発見の広がり

製作コーナーで，Ａ君とＢ君が牛乳パックで新幹線を作っています。「これは“マックス”」「これは“はやて”」と実際の新幹線のイメージを基にしながら何個も作って，横一列に並べて眺めてみたり，「連結させようか」と２つの新幹線をつなげようとするＡ君に対し，Ｂ君は，新幹線を一つ作ると，それを手に持ち，積み木で遊んでいるＣ君たちの方へ移動しました。そして，三角の積み木を見つけると，その斜面に新幹線を置いて，新幹線が滑るかどうか手を離して様子を見ています。

そんなＢ君の様子を見たＣ君は，近くの床が少し高くなっているおままごとコーナーの端に積み木の板を掛けて坂を作り始めました。Ｂ君は，その坂を見て，すぐに自分の新幹線をその坂の上に置いてみましたが，思うように動かない新幹線を見て，何か考えているようです。その時，たまたま，テラスを通りかかった子どもたちが，テレビで流行中のリズムを口ずさむ声が聞こえてきました。思わずリズムに合わせて体を揺すり，一緒に歌い始めたＣ君は，Ｂ君と笑顔を交わし合いながら，積み木の坂の上に乗ってより一層大きく体を揺すり始めました。その振動で少しずつＢ君の新幹線も動いているようです。
やがて，Ｃ君も新幹線がほしくなったのか，Ａ君のところへ行って「これ一つ貸して？　いい？」と新幹線を一つ借りて戻ってきました。さらに，製作コーナーからガムテープを一本持ってきて，新幹線を坂の上に置くと，ガムテープを新幹線の後ろに置いて，その重みをかけて滑らせようとし始めました。それを見たＢ君は，同じようにガムテープを持ってきて，自分の新幹線の後ろに置いて滑らせ始めました。Ｂ君もＣ君も，ガムテープを置く位置や新幹線との距離を変えてみながら，いろいろな方法を試しています。
そんなＢ君，Ｃ君の様子を見て，次第に，Ａ君や他の子どもたちが集まってくると，今度は少し狭くなったのか，Ｃ君が「坂を広げよう」と，もう一本，積み木の板を探してきて，隣に設置しました。しかし，置いた途端に板が落ちてしまったため，「ちょっと待って」とすぐに遊びたそうなＣ君たちを制止しながら，ガムテープで端を固定し，さらには，その後，坂になった板の上にガムテープを丁寧に一面に貼り付け，その表面に新幹線を滑らせてみています。しかし，ガムテープの表面の摩擦のせいか，かえって滑りにくくなってしまいました。Ｃ君は，それでも諦めず，ガムテープよりも重みのあるスズランテープを持ってきて，新幹線の後ろに載せてみたり，さらにいろいろな方法で何度も坂を滑らせています。それを見ていたＢ君は，Ｃ君と同じタイミングで，同じ高さから同時に新幹線を滑らせ，どちらが早く下に着くか試そうとし始めました。
そんな２人の周りでは，新幹線を連結させて走らせたいＡ君が牛乳パックをつなげるために様々な工夫をしていたり，どこからか大きな段ボールを持ってきたＤちゃんが，その中に入って坂を降りようとしています。坂を占領してしまったＤちゃんに対して，Ｂ君は「もう！」と怒りながらも，Ｄちゃんの段ボールを後ろから押して滑らせ，その後に自分の新幹線を滑らせています。

Episode 1 では，Ａ君，Ｂ君，Ｃ君，Ｄちゃんたちが，それぞれ，互いの動きや発想を手掛かりにしながら，自分なりに身近なモノや場を使って，様々な試しや発見を重ねていっている様子が伝わってきます。そこでは，同じ対象にかかわっていても，興味をもつ対象や試していることは，子どもによって様々です。例えば，同じように牛乳パックで新幹線を作っていても，様々な新幹線を本物らしく作ることにこだわったり，車輛をつなげる工夫を考え始めたりして，新幹線を作ること自体を楽しんでいるＡ君に対し，Ｂ君は，作った新幹線を走らせることに興味が移っていったようです。そして，Ｃ君と，新幹線を斜面で滑らせることを楽しみ始めますが，そこでも，Ｃ君が，次々と，いろいろな発想で，新幹線をより滑りやすくする，早く走らせるための方法を試す姿がある一方で，Ｂ君は，そんなＣ君の行動を見ながら，そのおもしろさに気付いたり，それをヒントにしながら，自分もその楽しさを体験したり，新たなおもしろさを見つけていっている様子が伝わってきます。こんなふうに，それぞれの子どもたちの試しや発見は，自分なりの発想で活用できるモノや場が多様に存在している環境の中で，それにかかわる他児の姿や行為のおもしろさや楽しさが共有できる周囲の他者との関係，さらには，それらとじっくりかかわることのできる時間や空間に支えられて生まれてきていると考えられます。

子どもたちは，本来，このように，自ら興味や関心をもったことに取り組み，周囲の身近なモノや他者とかかわりながら，それぞれのモノのもつ特性や，それらが組み合わさった時に生まれる現象の不思議さやおもしろさに出会っています。そしてそのような出会いを通して，自ら対象との対話を深め，試行錯誤や探究を重ねながら学んでいくことのできる，主体的な学び手であると考えられます。

現行の幼稚園教育要領等においては，このような乳幼児期の子どもたちの遊びや生活を通して生まれる主体的で対話的な学びが重視されており，それらを幅広く保障していくために，子どもたちがその主体性を発揮しながら，様々な活動を展開していけるような環境を構成することで，子どもの学びや育ちを支える「環境を通しての保育」が基本とされています。それは，保育者があらかじめ想定した知識や技能を獲得させるための活動を系統的に行ったり，それらを一方向的に教えるというような指導ではなく，子どもが自らの興味や関心に即して，主体的に身近な環境とかかわることを通して学びを積み重ねていく過程を，大切に保障していこうとする考え方です。そして，そのような学びが豊かに生まれてくるためには，その時々の子どもの興味・関心や発達の過程に即して，様々な試行錯誤や探求ができる対象と出合える環境が必要となります。そのために，日々の子どもたちの遊びや生活から，子どもの興味・関心や発達の過程を捉え，それらに即した「環境」を構成することを通して，子どもたちの豊かな学びにつながる経験を支えていくことを保育の基本としているのです。

❷ 子どもの育ちを見るための窓口としての「領域」

前項でも述べたように，幼稚園や保育所などにおける子どもたちの園生活が，それぞれの子どもが自らの興味や関心に即して，主体的に環境とかかわり，展開していく遊びを中心に営まれていく場合，当然のことではありますが，そこで生まれてくる子どもの経験も，それぞれの子どもによって多様に異なってくることになります。

「保育内容」とは，子どもたちが，そのような日々の園生活の中で，それぞれに経験していることの全てを指します。そのため，それは，小学校以上の学校教育における「教科」のように学ぶ内容によって整理され，系統的に順序立てて計画された「学習内容」とは，だいぶイメージが異なるかもしれません。

しかし，子どもたちが遊びの中で経験していることや学んでいることが多様であればあるほど，そこでの経験や学びの内実を丁寧に捉え，読み解きながら，その経験や学びが深まるために必要となる援助や環境を考えていくための丁寧なまなざしが必要になります。

先ほどの Episode 1 においても，ただ，「電車で楽しそうに遊んでいる」だけではなく，その遊びの中で，それぞれの子どもが多様な発見や探求を重ね，様々な学びや育ちが生まれていることが見えていました。同様に，他の遊びにおいても，例えば，夢中になって鬼ごっこをしている子どもたちは，全身を使って身体を動かして遊ぶ楽しさを味わっているだけではく，その鬼ごっこを通して，友達とかかわる楽しさを味わっていたり，思いがすれ違った時の悔しさを感じたり，あるいは，互いの考えや思いを伝え合うことで新しい展開が生まれるおもしろさに気付くなど，人とのかかわりにおける様々な経験や学びが生まれているところかもしれません。また，そこでは，そうした考えや思いを，自分なりに言葉で表現しようとしたり，相手の考えを尋ね，聞き出そうとするなど，言葉を通して表現したり，コミュニケーションする力が育ってくるとも考えられます。また，時には，その遊びをよりおもしろくするために，色鬼や高鬼など，周囲の環境を活用して，新しい遊びのおもしろさを生み出す工夫が生まれていることもあるでしょう。

子どもたちが主体的に展開する遊びを基に保育をしていくためには，ただ，子どもが楽しく遊んでいればいいというわけではなく，こうした子どもたちの姿から，それぞれの子どもがそこで経験している内容を丁寧に捉え，それがより充実していくために，あるいは，そこで子どもたちが抱えている葛藤や課題を乗り越えるために，そこで必要となる援助や環境を考えていく視点も常に必要となります。

そうした子どもたちの多様な経験内容を丁寧に捉え，読み解くための手がかりとなる一つの視点として，幼稚園教育要領等で示されているのが「領域」になります。「領域」とは，「教科」のように学ぶべき内容を，あらかじめ分化して整理したものではなく，子どもたちの主体的な遊びの中で生まれている経験や学びを見ていくための視点であり，「窓口」のようなものです。

幼稚園教育要領等では，その視点を，次の5つの「領域」として示しています[1]。

・心身の健康に関する領域「健康」
・人との関わりに関する領域「人間関係」
・身近な環境との関わりに関する領域「環境」
・言葉の獲得に関する領域「言葉」
・感性と表現に関する領域「表現」

なお，これらの「領域」は，子どもたちの学びや育ちを捉えるための視点ではありますが，その際，それぞれの「領域」は，個別に育つものではなく，各領域が常に相互に関連し合いながら，それぞれの育ちが生まれてくることにも留意が必要です。

例えば，先ほどの鬼ごっこについても，何もないところから，急に，身体を動かして遊ぶことが楽しくなるわけではなく，それを一緒にすることが楽しいと感じられる他児とのかかわりが育ってきているからこそ，追う―追われるというやりとりを全身を使って思う存分楽しむようになっていきます。そして，その楽しさが味わえているからこそ，そこで生まれる葛藤を乗り越えるために自分の思いを言葉にして伝える姿や，よりおもしろさを生み出すために環境を活用しようとする姿も生まれてくると考えられます。すなわち，それぞれの領域は，常に，相互に関連し合って，総合的に育っていく関係にあるのです。また，それらの育ちは，突然，出現するものではなく，常に他の経験の積み重ね（＝連続性）があって生まれてくるものであることにも注意が必要です。保育の場においては，このように，子どもの育ちの様々な側面の相互の関連性や連続性などを総合的に捉えながら，そこで子どもたちが経験していることを捉え，その経験を支えるための援助や環境を探っていくことが求められているのです。

このように，保育者が子どもへの理解を深め，援助を考えていく上での手がかりの一つとして示されている「領域」については，2017年の幼稚園教育要領，保育所保育指針，幼保連携型認定こども園教育・保育要領の改訂（定）において，3歳以上の子どもの「領域」について内容の整合化が図られ，同一の内容が示されるようになったと同時に，3歳未満の子どもたちについても，心身の発達の

➡1　幼稚園教育要領「第2章　ねらい及び内容」。なお，保育所保育指針，幼保連携型認定こども園教育・保育要領にも同様の記載があります。

基盤が育まれるとても重要な時期であるとして，３歳以上の子どもたちの保育内容との連続性を踏まえた内容の充実化が図られました。１歳以上３歳未満の子どもたちの保育内容は３歳以上の子どもと同じく５つの領域の視点から整理され，その育ちや学びの連続性がより明確に示されました。また，乳児（０歳児）については，以下のような３つの視点が示されています[2]。

・健やかに伸び伸びと育つ
　健康な心と体を育て，自ら健康で安全な生活を作り出す力の基盤を培う。
・身近な人と気持ちが通じ合う
　受容的・応答的な関わりの下で，何かを伝えようとする意欲や身近な大人との信頼関係を育て，人と関わる力の基盤を培う。
・身近なものと関わり感性が育つ
　身近な環境に興味や好奇心をもって関わり，感じたことや考えたことを表現する力の基盤を培う。

これらの３つの視点も，５つの領域と同じく，子どもたちの育ちを捉えていくための視点として示されたものであり，０歳から就学までの子どもたちの育ちを，その連続性を踏まえて理解し，支えていくことの重要性が改めて強調されたものと考えられます。

➡2　保育所保育指針「第２章　保育の内容」「１　乳児保育に関わるねらい及び内容」「(２)　ねらい及び内容」。なお，幼保連携型認定こども園教育・保育要領にも同様の記載があります。

2　領域「環境」のねらい及び内容

では，５つの領域の中でも，領域「環境」においては，どのような子どもの育ちをみていこうとしているのでしょうか。幼稚園教育要領等において，領域「環境」は，「周囲の様々な環境に好奇心や探究心をもって関わり，それらを生活に取り入れていこうとする力を養う」ものとされています[3]。ここでの「周囲の様々な環境」とは，園内に存在する様々な事物だけに限らず，園の内外を問わず，子どもたちの生活を取り巻く様々なモノや人，さらには自然や社会の事象，文化的な実践などの全てが含まれます。子どもたちは，それらの環境とかかわることを通して，それらを自らの生活において自分たちなりに活用したり，様々な発見や思考する楽しさを味わい，自

➡3　幼稚園教育要領「第２章　ねらい及び内容」の「環境」。なお，保育所保育指針，幼保連携型認定こども園教育・保育要領にも同様の記載があります。

表６－１　領域「環境」の「ねらい」と「内容」

１歳以上３歳未満児の領域「環境」	３歳以上児の領域「環境」
〈ねらい〉 ①身近な環境に親しみ，触れ合う中で，様々なものに興味や関心をもつ。 ②様々なものに関わる中で，発見を楽しんだり，考えたりしようとする。 ③見る，聞く，触るなどの経験を通して，感覚の働きを豊かにする。	〈ねらい〉 ①身近な環境に親しみ，自然と触れ合う中で様々な事象に興味や関心をもつ。 ②身近な環境に自分から関わり，発見を楽しんだり，考えたりし，それを生活に取り入れようとする。 ③身近な事象を見たり，考えたり，扱ったりする中で，物の性質や数量，文字などに対する感覚を豊かにする。
〈内容〉 ①安全で活動しやすい環境での探索活動等を通して，見る，聞く，触れる，嗅ぐ，味わうなどの感覚の働きを豊かにする。 ②玩具，絵本，遊具などに興味をもち，それらを使った遊びを楽しむ。 ③身の回りの物に触れる中で，形，色，大きさ，量などの物の性質や仕組みに気付く。 ④自分の物と人の物の区別や，場所的感覚など，環境を捉える感覚が育つ。 ⑤身近な生き物に気付き，親しみをもつ。 ⑥近隣の生活や季節の行事などに興味や関心をもつ。	〈内容〉 ①自然に触れて生活し，その大きさ，美しさ，不思議さなどに気付く。 ②生活の中で，様々な物に触れ，その性質や仕組みに興味や関心をもつ。 ③季節により自然や人間の生活に変化のあることに気付く。 ④自然などの身近な事象に関心をもち，取り入れて遊ぶ。 ⑤身近な動植物に親しみをもって接し，生命の尊さに気付き，いたわったり，大切にしたりする。 ⑥日常生活の中で，我が国や地域社会における様々な文化や伝統に親しむ。 ⑦身近な物を大切にする。 ⑧身近な物や遊具に興味をもって関わり，自分なりに比べたり，関連付けたりしながら考えたり，試したりして工夫して遊ぶ。 ⑨日常生活の中で数量や図形などに関心をもつ。 ⑩日常生活の中で簡単な標識や文字などに関心をもつ。 ⑪生活に関係の深い情報や施設などに興味や関心をもつ。 ⑫保育所内外の行事において国旗に親しむ。

出所：保育所保育指針「第２章　保育の内容」をもとに筆者作成。

ら探求する姿勢を育んでいくことが期待されているのです。

そのための具体的な「ねらい」や「内容」として示されているものは表６－１の通りです。

表６－１の「内容」から，改めて，子どもを取り巻く環境の幅広さと多様さ，また，発達の過程に即して，それらとのかかわりを深めていく連続性が見えてくることと思います。

そして，そのような多様な環境に，子どもが興味・関心をもち，主体的に探求を深めていくためには，その発達に応じた保育者のかかわりや環境構成が求められることになります。そのため，次節では，子どもたちが周囲の環境とかかわる中で，様々に関心を広げ，主体的に様々な気付きや発見を重ねていく過程を支えるための保育者の子どもへの理解と援助について考えてみたいと思います。

3　保育における評価の考え方

子どもたちが主体的に環境とかかわり，対話を重ねていく中で生まれてくる様々な学びを尊重し，そこから，より豊かな学びが生まれてくるような保育を実践していくためには，まず，目の前の子どもたちが，それぞれの遊びや活動の中で味わっていること，おもしろがっていること，試していること，探究していることなどを探っていこうとするまなざしが必要となります。何らかの到達すべき目標のようなものと照らし合わせて，「できる」「できない」という表面的な行動から能力の有無を評価するような見方ではなく，子どもが見ている世界をともに見て，その意味や価値をともに味わい，ともに探っていくことによって，子どもたちの興味・関心を広げ，さらなる対話の充実につなげるために必要となる新たな環境やかかわりを考えていくための手掛かりも見えてくることでしょう。

そのような保育者のまなざしは，子どもたちの日々の興味・関心から，生き生きとした「学びの物語」を生んでいく基盤となっていくと考えられます。

Episode 2　牛乳パックから広がった子どもたちの探究

ある年の夏，大きな台風が日本列島を縦断し，各地に甚大な被害をもたらしたことがありました。その台風が過ぎ去った翌週，保育園の給食に出た牛乳パックを見た子どもたちが，「いつもと違う！」と，牛乳パックの色や図柄が違っていることに気付きました。担任保育者も不思議に思い，子どもたちと一緒に調理室の職員さんに聞いてみたところ，台風被害のために，いつもの牛乳を生産している牧場で牛乳の供給が一時的にストップしてしまったため，急遽，別の地域にある牧場からの牛乳が出されたとのことでした。そのことを聞いた子どもたちから，「いつもの牛乳を作っている牧場のある○○県ってどこにあるの？」「今日の牛乳を作った△△県には台風は通らなかったの？」という疑問が生まれ，ちょうど保育室の壁面に貼ってあった日本地図を手掛かりに，２つの場所を確認しました（その夏，転園して行った友達の引っ越し先を確認するため，前の週に，みんなで見た日本地図が壁面にちょうど貼られていました)。

さらに，その翌日には，また違うパッケージの牛乳が給食に出たため，みんなでそこに書かれている生産地を確認してみると，その牛乳も△△県でしたが，違う牧場で作られているものでした。「△△県には，牧場がたくさんあるのかな？」「僕の家で飲んでる牛乳も△△県のだよ」という声。さらに，次の日，Ｍちゃんが，自分の家で飲み終わった牛乳パックを持参して，「これは□□県っていうところのだったよ」と報告してくれました。それをきっかけに，多くの子どもたちが牛乳の生産地に興味をもち始め，家で飲んだ牛乳パックを持参する子が出てきました。担任保育者は，子どもたちが持ってくる様々な牛乳パックのパッケージを縮小コピーし，子どもたちと一緒に，壁面の日本地図のそれぞれの生産地（都道府県）の位置に貼っていくようにしたところ，次第に，牛乳の生産地がどこに集まっているのかが一目でわかる地図ができてきました。さらには，「□□県なら，僕，この間のお休みにキャンプに行ったことがある。キャンプ場の近くにも牧場があったよ」「(転園しちゃった）Ｎ君の住んでいるところでは，どこの牛乳を飲んでいるか聞いてみようよ」と，自分たちの知っている様々な人やコトとの関係を通して，知識や興味が広がっていく様子が見られました。

その後も，担任保育者が発信しているドキュメンテーションを通して，子どもたちの牛乳の生産地探しを知った保護者が，スーパーでいつもと違う牛乳を子どもと一緒に探してくれたり，インターネットで牛乳の牧場を調べてくれたりなど，家庭からも様々な協力があり，どんどん情報が増えていきました。そんな中，子どもたちが次第に気になり始めたのは，自分たちの住んでいる地域（東京都）で生産された牛乳がないことでした。「東京には牧場がないのかな？」と気にしていた子どもたちでしたが，ある日，とうとう担任保育者が近くのスーパーで東京都が生産地になっている牛乳を見つけ，子どもたちに報告すると，子どもたちは大興奮で，今度は，日本地図よりも，もっと詳しい地図を手に，その場所が東京のどこにあるのかを調べ始め，自分たちの家からどのくらい遠いのか，保育園から行けるのかと調べ始める姿がありました。

ここでは，牛乳パックをきっかけに，牛乳の生産地に興味をもった子どもたちが，パッケージを手掛かりに，牧場の場所を調べていくことを通して，それまで全く知らなかった日本全国の場所や地名が，自分たちにとって，「僕の（私の）飲んでいる牛乳が作られている場所」という自分と「つながり」のある，固有名詞をもつ対象となっていった過程が伝わってきます。

このような子どもたちの姿は，前節の表６－１で確認した幼稚園教育要領等の領域「環境」における「内容」に照らしてみれば，「⑪生活に関係の深い情報や施設などに興味や関心をもつ」という経験に相当する活動と見ることができるでしょう。また，自分たちでオリジナルの地図を作っていく過程において，地図や文字にも関心をもって，自分たちなりに活用していった姿は，「⑩日常生活の中で簡単な標識や文字などに関心をもつ」経験にもつながっていたと考えられます。しかし，それは，単に，子どもたちの活動する姿の表層を捉えて，それらに関心をもつことが「できている」「できていない」，あるいはどの程度できているかというような達成度を測るような評価ではなく，それらの活動を通して子どもたちが経験していることの内実を探っていく視点として活用されることに意味があると考えられます。

例えば，人が，何らかの対象を深く知り，学ぶ過程においては，対象を「私」と個人的関係のある，固有の名前をもつ対象として二人称的にかかわることが必要であるとされますが[4]，この牛乳の生産地探しでは，まさに，自分と関係のない匿名性の高い三人称的な世界が，少しずつ自分にとって特別な「意味」をもつ二人称的な対象となっていく過程が見受けられるのではないでしょうか。ともすると，一般的な「社会」とは，匿名性の高い人々の集まりとして捉えられがちですが，それを構成しているのは，固有名詞をもつ一人一人の人格をもった人と，その人たちの営む実践であることを考えると，子どもたちが世界を知り，理解していく時に，その個々の存在や営みが，自分にとってつながりのある，大切にしたい二人称的な対象となっていくこと（「関係の深い」情報や対象となっていくこと）が大切な意味をもってくると考えられます。それは，一般的に獲得すべき（獲得することが望ましい）とされる「知識」を覚え，その「知識」を獲得したか否かが問われ，評価されるような学びとは異なり，自分にとって，興味やおもしろさを感じ，自身とのつながりのある対象だからこそ，その対象や，それをめぐる様々な人やモノとの対話が，単なる既存の知識の取り込みではなく，自分のそれまでもっていた知識や枠組みの関係の中で改めて意味付けられ，再構築されていく「深い学び」になっていくと考えられます。

➡4　佐伯胖（編著）『「子どもがケアする世界」をケアする——保育における「二人称的アプローチ」入門』ミネルヴァ書房，2017年。

そして，そのような子どもたちにとって「深い学び」につながる展開が生まれてきた背景には，日々の生活の中で生まれる何気ない子どもたちの気付きや疑問に，丁寧に耳を傾け，それを他の子どもたちと共有したり，様々な世界とのつながりの中で意味付けていくための「きっかけ」や「環境」を探り続けていった保育者のまなざしと援助が重要な意味をもっていたことも見落とせません。

保育における「評価」とは，まさに，こうした一人一人の子どもの姿やできごととの対話を通して，それぞれの子どもが感じていること，味わっていること，おもしろがっていること，試していること，探究していることを共感的に探り，そのことの意味や価値を私たち自身が発見したり，味わっていくことを通して，子どもたちが，遊びや生活の中で，より主体的に豊かな対話を重ねていけるように，保育の環境や文脈を日々問い直し，再構成していくための「資源」（手掛かり）として生かされていくことが必要になると考えられます。
５領域の「ねらい」や「内容」も，子どもたちがそれらを達成しているかどうかの度合いを測ったり，評価するための「達成目標」や「教育目標」としてではなく，目の前の子どもたちの姿から，どのような学びや育ちが見えてくるのか，それを探っていくための「視点」として活用し，より多様な視点から幅広く子どもたちの学びの過程を捉え，子どもたちの豊かな学びを支える保育の創造へとつなげていくことが求められているのだと考えられます。

Book Guide

- **「幼稚園教育要領」「保育所保育指針」「幼保連携型認定こども園教育・保育要領」**
  2017年３月に告示されたこれらの文書は，それぞれ文部科学省（「幼稚園教育要領」），厚生労働省（「保育所保育指針」），内閣府（「幼保連携型認定こども園教育・保育要領」）のホームページから見ることができます。いずれも，現在の保育の基本的な理念や，それらを実践していく上で留意されるべき事項，また，子どもたちの育ちを捉える視点としての「領域」について詳しく示されています。領域「環境」についてだけでなく，他の領域のねらいや内容についても目を通し，それらとの関係の中で，領域「環境」のねらいと内容を捉え，理解を深めていくようにしてください。
- **汐見稔幸（著），おおえだけいこ（イラスト）『2017年告示新指針・要領からのメッセージ　さあ，子どもたちの「未来」の話をしませんか』小学館，2017年。**
  2017年３月に改訂（定）された「幼稚園教育要領」「保育所保育指針」「認定こども園教育・保育要領」について，その改訂（定）のポイントを，現代の社会的状況を踏まえ，様々な背景からわかりやすく解説しています。そして，実際に，保育の中で，これらの新指針や要領をどのように捉え，活用していくことが求められるのか，たくさんのイラストや図版を用いて，大切なメッセージをわかりやすく伝えてくれます。

Exercise

1. 子どもたちが遊んでいる具体的な場面をエピソードを読み（もしくは動画を視聴し），そこで，子どもたちが経験している内容を５つの領域を手がかりに拾い出してみましょう。その後，数人のグループで互いに気付いた子どもたちの経験内容を話し合って共有してみましょう。
2. １で共有した５つの領域それぞれの子どもたちの経験内容の中で，特に，「環境」の領域に関連するものを挙げてみましょう。そして，それらの経験を生み出している背後にあった保育の環境や保育者の援助について話し合ってみましょう。

第 7 章

乳児保育における「環境」とのかかわり

1歳児クラスの子どもたち。
何をしている？　何を感じている？
保育者は何を感じ，何をしている？

幼児期の教育は環境による教育です。身近な環境に興味をもち，じっと見たり，聞いたり，手をのばしたり，そのようなかかわりを通して，子どもたちは多くのことを学びます。環境による教育は乳児期から始まっています。

5月の風を受けて泳ぐこいのぼりに驚き，歓声をあげ，見続けている子どもたちと一緒に，こいのぼりを見上げた保育者。気持ちよさそうに泳ぐこいのぼりをもっともっと味わいたくて，ウッドデッキに寝て見上げてみました。子どもたちも同じように横たわり，見上げてみると，気持ちよさそうに泳ぐこいのぼりと一体になったような感覚になりました。

「感じること」「共に感じること」を大事にした保育がここにあります。

1 探索的にものとかかわる子どもを育てる

子どもと環境とのかかわりは，ものとの出会いに始まります。子どもたちの身近にあり，手を伸ばしてかかわることができるもの，時には，もののほうから子どもたちの方へ働きかけるものもあるでしょう。ものに対して探索的にかかわる子どもたちを育てるための環境や保育者の在り方についてみていきましょう。

❶ ものとかかわる子どもに注視する

０歳児保育室の中には，子どもたちが手を伸ばし，いろいろやってみたくなるものを用意しておきます。そこでしていることは，「入れる」「出す」「ひっぱる」「たたく」などの行為です。それらの行為を様々なもので行うことで，様々なことが引き起こされます。いろいろやってみる，という行為から，子どもたちは様々なことを感じ取っていきます。いろいろやってみている子どもの姿を紹介します。

Episode 1　入れたり，出したり（０歳児，９月）

入れたり出したりして遊べるように短く切ったチェーンを用意しました。透明の容器に入れたり出したりすることを楽しんでいたＡ児が，そのそばにあった穴あきのボールを手にして，その穴にチェーンを入れようとしていました。入れたくなる穴は，いろいろなところにあるのだということがわかります。

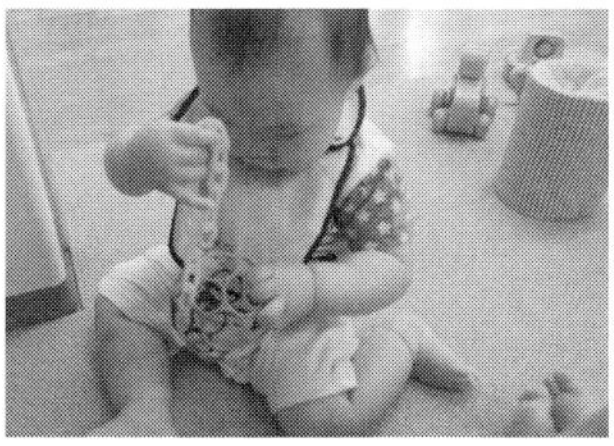

透明の容器にチェーンを入れていたＡ児が，穴あきのボールの穴にチェーンを入れようとしている姿に目をとめた保育者は，保育後に「感心しました！」という感想をもらしていました。「自分で見つけて入れようとしていたんですよ。何に入れられるかな，と思って探したんでしょうか。びっくりしました」と。自分で穴を見つけ

出し，両手を使ってチェーンを入れようと集中して取り組んでいるA児を感心して見守っている保育者の視点がとても大切です。

乳児は，身近にあるものや場にかかわり，様々に感じ取っています。A児の姿から，「入れる」「出す」という行為は，「通す」「落とす」という行為でもあることがわかります。穴の開いているものに入れれば下に落ち，ふさがっているものに入れればそこにたまっていくということを，体験を通して感じ取っているのだと思います。

❷ ものとの出合いを支える

Episode 2　テントウムシいたよ（1歳児，5月）

春，戸外に出かけると，小さな生き物に出会うことがあります。草の上にいるテントウムシを見つけたB児が，「あ！あ！」と言っていたので，保育者がテントウムシがいる草をちぎってB児に渡しました。B児は，そっとテントウムシの方に指を近づけました。

子どもたちは動くものに興味をもちます。そのものが大きすぎると本能的に身構えます。しかし小さなものならば，恐る恐るではありますが，手を伸ばします。好奇心が子どもたちを学びへとつれていくのです。

乳児期の教育において戸外での遊びが大切な理由の一つに，「小さなものとの出合いに恵まれる」ということがあります。アリやダンゴムシ，テントウムシなどが，乳児に親しみやすい小さな生き物です。テントウムシに気付いたB児のつぶやきを聞いて，保育者はそっと草をちぎり，B児に持たせてあげました。この写真のあと，テントウムシは突然羽ばたき，遠くに行きました。B児は「あ！」と言って飛んで行った先を見ていました。

自分のすぐそばに現れ，興味をもって見ていると，パッと遠くへ行ってしまう。この動きの思いがけなさが，子どもたちの心をつかんで離さないのです。B児とテントウムシとの出合いに気付き，支える保育者のかかわりが大切だと思います。

❸「触りたい」が身近にある環境

保育室の中にあるもの，散歩先で出合うもの，場の中に，どのようなものが，どのような状態であるかによって，子どもたちの探索的な行動は大きく左右されます。具体的に見ていきましょう。

Work 1

保育室の中をのぞいてみましょう。どのようなことが楽しめそうでしょうか？

①0歳児クラスの保育室です。この場所で子どもたちはどのようなことをするでしょう？
矢印のところに書き込みましょう。矢印は増やしてもいいです。

②4，5人のグループで，書き込みを共有しましょう。自分とは違う記述があったら違う色のペンで書き写します。多様な予想が出てくることを期待します。

Work 2

保育室の中をのぞいてみましょう。どのようなことが楽しめそうでしょうか？

①１歳児クラスの保育室です。この場所で子どもたちはどのようなことをするでしょう？
矢印のところに書き込みましょう。矢印は増やしてもいいです。

②４，５人のグループで，書き込みを共有しましょう。自分とは違う記述があったら違う色のペンで書き写します。多様な予想が出てくることを期待します。

Work１，Work２を行う中で，子どもたちの様子をいろいろと想像することができましたか？　他の人の考えに触れながら，さらに考えていく中でおさえておきたいことを４つ挙げます。

○子どもの動きを多様に想像する

環境を見ながら子どもたちがどのようなことをするだろう，と想像することはとても大切です。子どものすることは大人の想像を軽々と超えていきますが，それでも，まず想像することが大切なのです。大人になってしまうと積み木は積み木としか見えなくなりますが，小さな子どもたちにとっては，積み木は積んで遊ぶだけのものではなく，音を出すものだったり，どこまでも持って歩きたいものだったりします。玩具よりも，玩具をしまっているカゴの方に興味が向き，そのカゴを帽子のようにして遊んだりすることもあります。子どもたちは，環境にあるもの全てから，様々な刺激を受け，心を動かされていくのです。そのことを，まず想像し，心の中に，少しの余裕を作った上で，保育を始めるようにしたいものです。

○環境の中に気付きの可能性を潜ませる

Work 1 の 0 歳児保育室では，じゅうたんの上にマットのようなものが敷いてあります。このマットにはポケットがついていて，そのポケットの中にいろいろなものが入れられるようになっています。ハイハイでその上を通りながら様々な感触を楽しめるようにと作ったものです。

○多様な動きと落ち着いた遊びが生まれる環境

Work 2 の 1 歳児保育室では，部屋の中央に低い棚があります。棚があることで空間が 2 つに区切られそれぞれの場所で遊ぶようになります。広い場所だと子どもたちは走り回りがちですが，このように区切られていると走り回ることが少なくなるように思います。

中央にある低い棚をよく見てください。3 連の電車が坂道をカタカタと降りてくるのを見られる玩具が棚の上に置かれていますが，動かないようにテープで止めています。この玩具が置かれていることで，低い棚の上に登るという動きを防止しています。

○生活と遊び，両方が営まれる場所

手前のところにテーブルがあります。このテーブルは，食事の時になると部屋の中央に置かれますが，遊びの時には，壁のところに下げておき，遊びがゆったりと展開できるようにしています。

保育室のスペースに限りがある時，遊びの時と食事や午睡などの生活の時で机やイスの位置を変える必要があります。子どもたちが居心地よいと感じる保育スペースにおいて，机の位置はとても重要です。Work 2 の空間をもう一度見てください。子どもたちが様々に遊ぶ様子が想像できるのではないでしょうか。またご自身の保育室も見直してみましょう。少し位置を変えただけで保育がかわる，ということがあります。

❹ 生活の流れに留意した環境

心地よい生活を進めていくための配慮や環境の在り方について，

詳しく考えてみましょう。

Work 3

①２歳児クラスの保育室です。食事を食べる場所と午睡の場所が隣り合わせになっています。どのような準備がされていますか？　どのような配慮がされていますか？　矢印のところに書き込みましょう。矢印は増やしてもいいです。

〈準備中〉

〈食事➡午睡へ〉

②４，５人のグループで，書き込みを共有しましょう。自分とは違う記述があったら違う色のペンで書き写します。気付きを拡げましょう。

健康で安全な園生活を送り，健やかに成長していくために欠かせないものが食事と睡眠です。心と体に重大な影響を与えるものです。

Work３から見えてくる，心地よい生活を進めていくためのポイントをまとめます。

〇子どもたちの動きを考えて場を作る

おいしく食事をしてお腹がいっぱいになると，エプロンの片づけをして，布団のところへ行きます。すでに眠くなっている子もいれば，すぐには眠くない子もいます。いろいろな状態の子どもたちだけれど，ゴロンと横になりそばにいる保育者と言葉を交わしているうちに，リラックスした気持ちになりゆっくり眠りにつきます。できるだけ，子どもたちが自分の体の声に応えるようにして動くことを大事にします。Work３の環境は，そのような流れを想定しています。もちろん，子どもたちはその日の気分や身体の状態により，すぐに眠くならなかったりしますが，食事から午睡への流れができていると，子どもたちは自ら行動できるようになります。

〇時間差を作り少人数で動くことで，言葉や心が行き来する

一つの机を３，４人の子どもたちが囲み，それを一人の保育者が支えます。誰かが「おいしいね」とつぶやくと「おいしいね」「おいしいね」という言葉が伝わっていきます。数人の子どもへ向けて語りかける保育者の言葉は，静かで伝わりやすいものとなります。食べるスピードや好みなど，食事場面では個人差が大きく，それぞれに対応することで，よりよい育ちにつながっていきます。少人数で食事する意味はこの辺りにあります。

〇保育者の心もちが場のリズムを作る

Work３の登場する保育者をもう一度見てください。どこかゆったりした印象を受けませんか？

食事や午睡，着替えなどの生活の場面は，園生活の中の大事な部分です。また，準備や後片づけも含めて，大人の手を必要としている場面でもあります。だからこそ，保育者の心のもちようによって，その時間の雰囲気が大きく変わってくるように思います。

「早く食べさせて，早く寝かして」と保育者が時間に追われてしまうと，どこか慌ただしく，急かされるような気持ちになります。もちろん時間の見通しはもちますが，時間に縛られるのではなく，子どもたちの動きに応じるという保育者の心もちが，場の空気を変えてしまうでしょう。

2　多様な動きを引き出す保育の計画

❶ 乳児保育における保育計画立案のポイント

① 一人一人に応じる

乳児保育においては，月齢差が大きく，個別の指導計画の下，保育が行われます。このことを基本においた上で，子どもたちが様々に感じたり楽しんだりできるようにと保育を構築していきます。多様な動きを想定し，プランを立てていきます。そのために，一人一人の実態を把握し，一人一人に応じることが大切です。

② 生活の自然な流れを大切にする

保護者から離れ１日の多くの時間を園で過ごす子どもたちにとって，園はもう一つの家庭のような役割を担っています。遊ぶ時間と共に食事をしたり午睡をしたりシャワーを浴びたりなど，生活する時間もとても大切です。子どもたちにとって心地よい生活となるよう，できる限り，自然な生活の流れになるよう配慮します。

③ 保育者間の連携を十分にとる

子どもたちの１日の生活が心地よく進んでいくためには，保育者間の連携が欠かせません。子どもたちにかかわることだけではなく，遊具の消毒や室内の清掃，食事や午睡の準備や片づけなども，重要な仕事です。保育者が連携し協力しあうことで，子どもたちの心地よい生活が実現し，子どもたちは健やかに成長していきます。保育者間で連携をとるために仕事を分担していきますが，それだけに留まらず，子どもたちの姿について気付いたことを語り合ったり，援助の在り方について考えあったりすることで，真の連携が成立すると考えます。

④「感じる」を中心に置き，多様なかかわりを想定する

０～２歳児の保育において，最も大切にしたいのは「感じる」体

験です。様々なものや人と出会い，見たり触れたりしながら子どもたちは様々なことを感じ取っていきます。身近な環境に自ら手を伸ばし能動的にかかわろうとする子どもたちにとって，豊かな出会いと感じる時間を大切に積み重ねていきたいと思います。子どもたちが自らかかわる動きを大切にし，じっと見ていることもかかわりの一つと捉え，子どもたちと共に感じ，共に楽しむことを大事にします。子どもたちが様々に感じ，多様なかかわりを体験できるような活動を精選していきます。

❷「感じる」を重視した保育計画の例

ここでは，各年齢の保育計画例を紹介します。子どもたちの実態と保育者の願いを重ねながら保育を展開していく流れです。ここで紹介するのは，写真を取り込んだドキュメンテーション形式の計画案です。

①　０歳児の保育計画「ビニール袋で遊ぼう！」

身近な環境にある「もの」との出合いの中で，子どもたちが様々に感じられるように保育を構想します。

図７−１では，子どもたちに出合わせたい「素材」として，ビニール袋を取り上げました。大きさが変わることでも感じることが広がります。子どもたちの動きや思いを捉えていろいろに展開していく計画案を作成しました。子どもたちの動きに応じていくことが大切です。

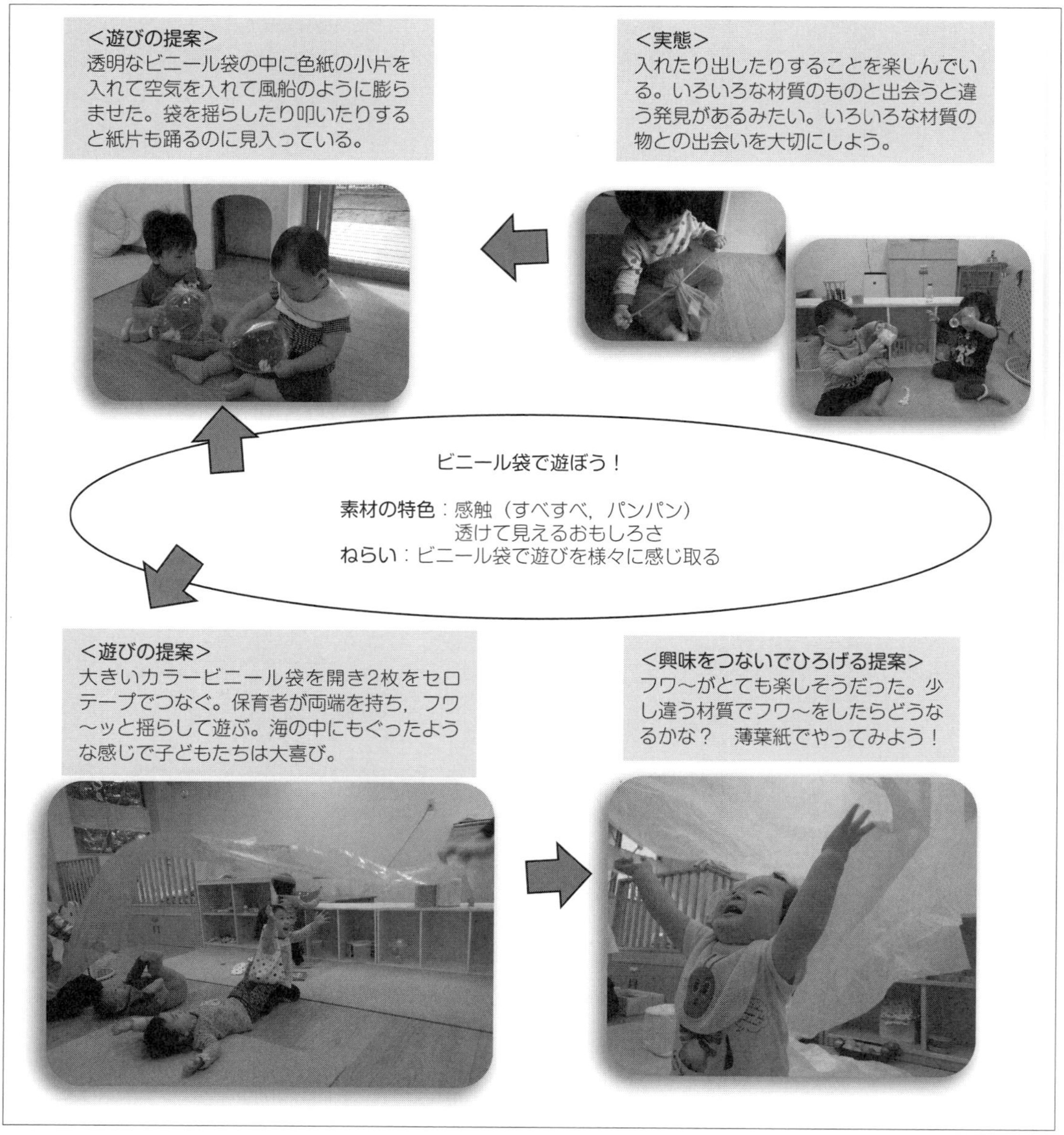

＜遊びの提案＞
透明なビニール袋の中に色紙の小片を入れて空気を入れて風船のように膨らませた。袋を揺らしたり叩いたりすると紙片も踊るのに見入っている。
＜実態＞
入れたり出したりすることを楽しんでいる。いろいろな材質のものと出会うと違う発見があるみたい。いろいろな材質の物との出会いを大切にしよう。
ビニール袋で遊ぼう！
素材の特色：感触（すべすべ，パンパン）
透けて見えるおもしろさ
ねらい：ビニール袋で遊びを様々に感じ取る
＜遊びの提案＞
大きいカラービニール袋を開き2枚をセロテープでつなぐ。保育者が両端を持ち，フワ〜ッと揺らして遊ぶ。海の中にもぐったような感じで子どもたちは大喜び。
＜興味をつないでひろげる提案＞
フワ〜がとても楽しそうだった。少し違う材質でフワ〜をしたらどうなるかな？　薄葉紙でやってみよう！

図7-1　0歳児の保育計画の例

出所：筆者作成。

② 1歳児の保育計画「スタンプポンポンで遊ぼう！」

体を動かして遊ぶことが楽しくてたまらない子どもたち。ポンポンのリズムを楽しみながら，色がついたり重なったりすることを楽しめるようにスタンプ遊びを計画しました（図7-2）。動きを楽しみたいという子どもたちの実態に応じて環境を工夫しています。

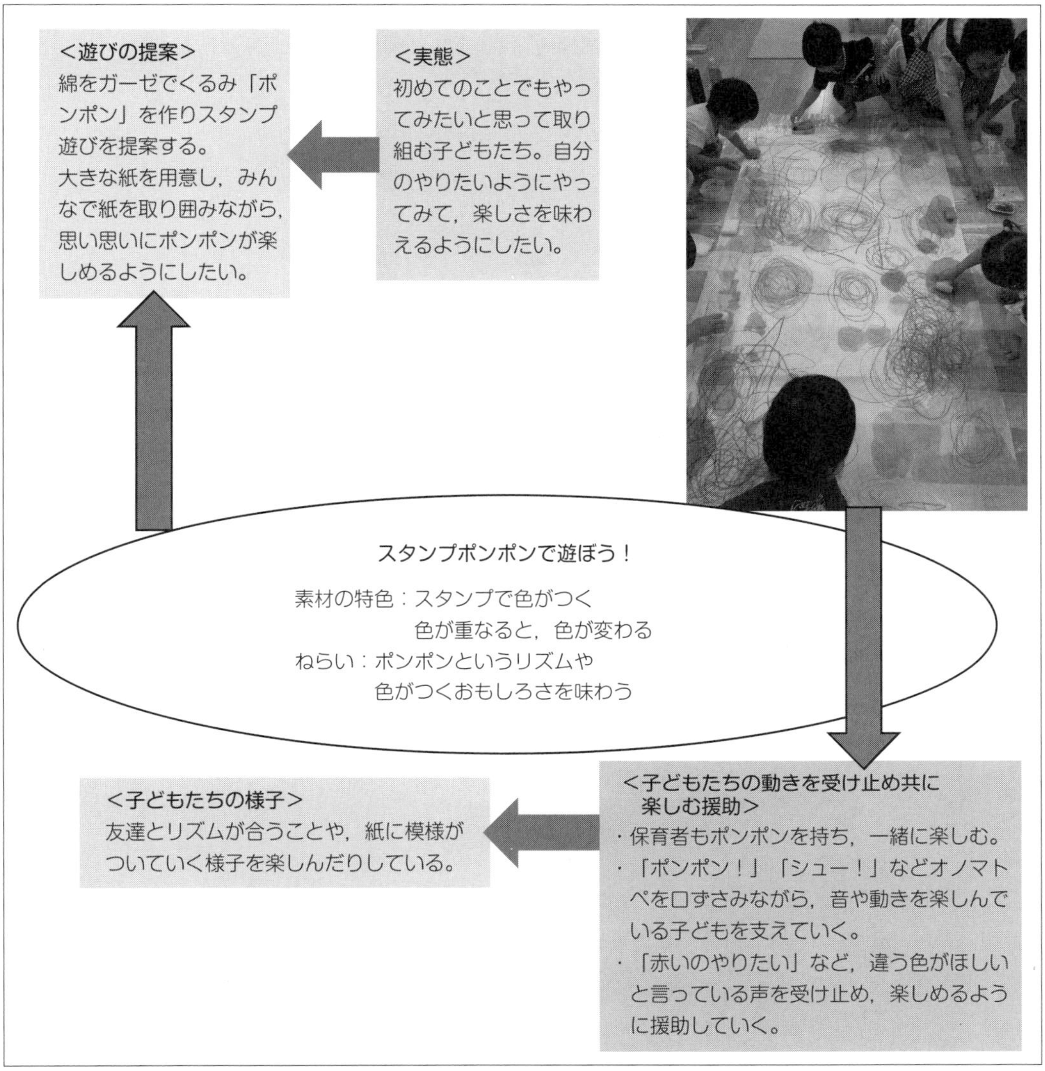

＜遊びの提案＞
綿をガーゼでくるみ「ポンポン」を作りスタンプ遊びを提案する。
大きな紙を用意し，みんなで紙を取り囲みながら，思い思いにポンポンが楽しめるようにしたい。
＜実態＞
初めてのことでもやってみたいと思って取り組む子どもたち。自分のやりたいようにやってみて，楽しさを味わえるようにしたい。
スタンプポンポンで遊ぼう！
素材の特色：スタンプで色がつく
色が重なると，色が変わる
ねらい：ポンポンというリズムや
色がつくおもしろさを味わう
＜子どもたちの動きを受け止め共に楽しむ援助＞
・保育者もポンポンを持ち，一緒に楽しむ。
・「ポンポン！」「シュー！」などオノマトペを口ずさみながら，音や動きを楽しんでいる子どもを支えていく。
・「赤いのやりたい」など，違う色がほしいと言っている声を受け止め，楽しめるように援助していく。
＜子どもたちの様子＞
友達とリズムが合うことや，紙に模様がついていく様子を楽しんだりしている。

図7-2　1歳児の保育計画の例

出所：筆者作成。

③ 2歳児の保育計画「フワフワ・ぐちゅぐちゅで遊ぼう！」

いろいろなことに興味を示し，ものが変化するおもしろさを感じ始めた子どもたち。色とりどりのお花紙がフワフワする様子を楽しんだりちぎったり丸めたり水を加えたりして，変化していく様子を味わい探究する体験を大事にします（図7-3）。様々に感じることを重視します。

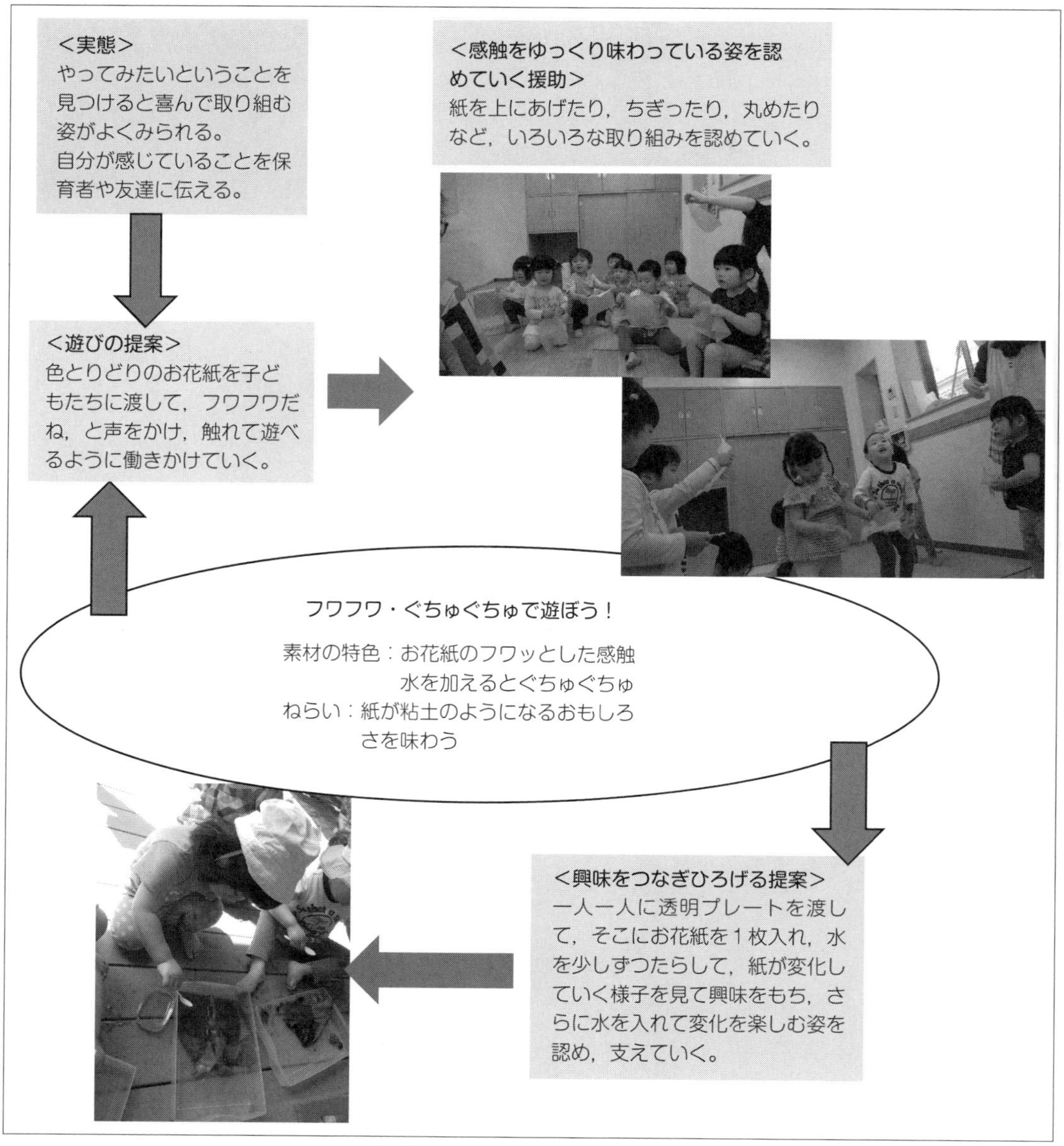
<実態>
やってみたいということを見つけると喜んで取り組む姿がよくみられる。
自分が感じていることを保育者や友達に伝える。
<遊びの提案>
色とりどりのお花紙を子どもたちに渡して，フワフワだね，と声をかけ，触れて遊べるように働きかけていく。
<感触をゆっくり味わっている姿を認めていく援助>
紙を上にあげたり，ちぎったり，丸めたりなど，いろいろな取り組みを認めていく。
フワフワ・ぐちゅぐちゅで遊ぼう！
素材の特色：お花紙のフワッとした感触
水を加えるとぐちゅぐちゅ
ねらい：紙が粘土のようになるおもしろさを味わう
<興味をつなぎひろげる提案>
一人一人に透明プレートを渡して，そこにお花紙を１枚入れ，水を少しずつたらして，紙が変化していく様子を見て興味をもち，さらに水を入れて変化を楽しむ姿を認め，支えていく。

図７－３　２歳児の保育計画の例

出所：筆者作成。

3　明日の保育につながる保育の振り返り

保育者は，子どもの実態に応じて保育を構想し，子どもの動きに応じて保育を行っていきます。保育が終わった後には，今日の保育を振り返り明日の保育を構想していきます。保育の場では，このように「保育の振り返り」が日々行われています。より良い保育の創造につながる保育の振り返りの在り方についてまとめます。

❶ 子どもの動き・子どものつぶやき・保育者の思いを記録する

Episode 3　「あ！」「あ！」の記録例　（0歳児，6月）

散歩に出かけると，ダンゴムシを探すのが楽しみになってきた。ダンゴムシを見つけるとしゃがみ込んでじっと見ている。少しして，ダンゴムシが動くと「あ！」と声が出た。A児が「あ！」というとB児も「あ！」と言う。

「あ！」だけで十分通じ合っている。2人がじーっと見ていると，C児もやってきてそちらの方を見ている。散歩先での楽しみが広がってきたように思う。子どもたちが何かを見ている時には，ゆっくり待つようにしたい。

保育を振り返るためには記録が必要です。その際，子どもの姿を具体的に記録するためには，子どものつぶやきや仕草などを記録することで具体性が出てきます。

Episode 3では「あ！」という声が記録されています。ほんの一言ですが，自分の発見を伝えたいという思いから声を発していることや，子ども同士が共鳴して声を上げている様子が伝わってきます。A児やB児の動きや気持ちを受け止めている保育者だからこそ聞きとることができた「あ！」であり，それを大切に記録する姿勢が大切だと考えます。

動きとつぶやきが重なることで，つぶやきが色合いを増していきます。さらにそこに保育者の思いを記載していくことで，明日の保育につながる記録になっていくと考えます。

❷ 遊びの様子をいろいろな視点で捉える

表情や動き，つぶやき，友達とのかかわり，ものの扱い方などに注目することで，子どもの姿をより細かく捉えることができます。

固定観念にとらわれることなく，いろいろな可能性を考えられるようになるには，日頃から柔軟な発想で子どもたちの様子を見ていくようにすることが大切です。

Work 4 は，遊びの様子をいろいろな視点で捉えてみるワークです。１歳児クラスの子どもたちが，小積木と小さな動物のおもちゃを組み合わせて遊んでいる様子です。空欄に記入してみましょう。

さらに，場の雰囲気やものの特徴，子どもたちや保育者など，その場にかかわっている多様なもの・人の視点で捉えたことで見えてきたことについて，「この姿全体から感じたこと」に記入します。全体の振り返りの視点になります。

Work 4　遊びの様子をいろいろな視点で捉えてみよう（１歳児）

<概略>
いつ
どこで
誰が
何を

Aちゃんと保育者は？

Bちゃんは？

Cちゃんと保育者は？

この姿全体から感じたこと

Work 4 から見えてくる記録のポイントについて以下にまとめます。

○一人一人に注目する

子どもたちや保育者の動きについて，指先や眼差しに注目すると，心の動きが見えてくるように思います。一人一人に注目して見ていくようにしましょう。

〈記載例〉

・他の子どもが積木を積んでいる様子をじっと見ている。
・いくつかの積木を重ねている子もいれば，積木を並べて遊んでいる子もいる。
・積木をトントンと机にあてて音がすることに気付いて，「あ！」と知らせている。
・積木の上に小さな動物をそっとのせて「のったよ」とうれしそう。

○全体から感じ取ったことを大切にする

遊んでいる様子全体を見た時に感じたことはどのようなことでしたか。全体から感じ取ったことは，学級の実態や保育の方向性につながる視点になります。

〈記載例〉

・机の上に積木と動物があり，その机を取り囲んで遊ぶことで，友達や保育者がやっている様子がよく見えて，楽しそうな雰囲気に包まれているように感じる。
・誰かがやっていることを見ることがきっかけとなって遊び出す様子がよく見られる。小さな積木を並べたり積んだり，など，それぞれにしたいことに取り組みながら楽しさを味わっている。

○場やものが醸し出しているものを感じ取る

子どもたちは，場が醸し出す雰囲気を敏感に感じ取っています。居心地の良さは何によって生み出されているのかがわかってくると，そのような場を作ることができるようになります。また，楽しく集中して遊べている時には，場だけでなくものが醸し出している心地良さのようなものがあるのではないでしょうか。ものに注目する視点は重要です。ものが呼びかけてくる声が聞こえるように，保育者もものに集中して遊ぶことが大切でしょう。

〈記載例〉

・小積木は，積んだり崩れたりしても，カタカタという乾いた小さな音がするので，作ったり壊したりを楽しみやすい。

❸明日の保育につなげる

保育の１日１日は，重なりながら明日へとつながっていきます。遊びへの興味や関心を捉えて，環境を組み換えたり，新しい素材や遊具を加えたりしていきます。明日の保育につなげるポイントをまとめます。

○子どもたちの「やりたい！」気持ちを尊重する

０歳児クラスで，つかまり立ちや伝い歩きが盛んになってきた頃に，「触ってみたい」と感じる遊具を吊るしている位置をハイハイの頃の位置よりも少し上の方に付け替えたことがありました。このことによって，つかまり立ちをしておもちゃの方に向かって手を伸ばしている姿が見られるようになりました。子どもの「やりたい！」気持ちを捉えることから，明日の保育が生み出されていきます。

○継続と変化を組み合わせる

明日の保育を考える際に「継続すること」と「変化させること」の両方を大事にします。例えば，保育室内にあるちょっとした窪みのような場所は子どもたちのお気に入りで，そこに潜り込んで遊ぶ姿がよく見られました。窪みは子どもたちが見つけ出した居場所のような場になっているので，引き続き遊べるようにしていきます。このように継続するものもありますが，変えてみることもあります。おもちゃの棚一つでも，置き場所を変えると，遊びが繰り広げられる場所が変わります。継続と変化を組み合わせることがとても大切です。

○子どもたちの様子を丹念に捉え，子どもたちについて語り合う

保育は日々作り上げられていきます。子どもたちの様子を丹念に捉えること，そして，子どもたちについて保育者間で語り合うことにより，豊かな保育が実現していきます。詳細な記録を取り，その記録を共有しながら語り合う時間を１日の中に位置付けていくことが大切でしょう。

Book Guide

・汐見稔幸（監修），鈴木八朗（編著）『発達のサインが見えるともっと楽しい　０・１・２さい児の遊びとくらし』メイト，2017年。

子どもの育ちをしっかり観察したうえで，見えてくる保育のヒントがわかりやすく紹介されています。「環境を構成する」本当の意味ってこれなのね！　と気付かされます。

・宮里暁美（編著）『触れて感じて人とかかわる 思いをつなぐ保育の環境構成　０・１歳児クラス編』中央法規出版，2020年。

実際の保育の場では，日々どのようなことが起こっているのか。具体的な子どもたちのエピソードや写真を活用して，「思いをつなぐ保育の環境」について提案しています。子どもたちの視点，保育者の援助について学ぶことができます。他に，２・３歳児クラス編，４・５歳児クラス編があり，全３冊シリーズです。

Exercise

1. 体験してみよう

①113-116ページに掲載した「保育計画例」を参考にして，豊かな「感じる」を体験できる遊びについて，計画を作成してみましょう。

②保育者役と子ども役を変わりあって分担し，①で作成した計画にそって保育を行ってみましょう。

2. 話し合おう

①，②の体験を通して感じたことを書き出し，３，４人のグループで共有しましょう。いろいろな見方や感じ方を出し合いましょう。

第 8 章

モノとのかかわりを支える保育の展開

磁石を使って園内にあるモノで何が磁石にくっつくかを探し回っている子どもたちです。この遊びは保育者から「磁石にくっつくものを探しましょう」と言って始まった遊びではありません。では，この遊びはなぜ生まれたのでしょうか？

この写真を撮った時期は，年長5歳児の1月のお昼です。この日の午前中に小学校の授業を見学しに行きました。1年生の授業の中でアルミや銅，鉄などの物質に磁石を近づけてつくかどうかを試している場面を見ました。“磁石に鉄がつく”という感動体験をした子どもたちが幼稚園に帰ってきた時に，保育者が1人1枚のマグネットシートを渡しました。そのことがきっかけとなり始まった遊びの一場面の写真でした。

保育者は子どもの興味関心が今どこにあるのかを，常にアンテナを張って保育に臨んでいます。子どもの興味関心に沿って環境を提示したり，環境を再構成したりして，経験や学びの芽を保障していきます。

保育者は子どもたちの横に並び，日々生活を共にしていく中で，子どもたちの興味関心に寄り添うことができるといいですね。

1 遊びの深まりによってモノへの理解や感覚が豊かになっていく子どもたち

幼稚園教育要領解説には，「第２章　ねらい及び内容」の領域「環境」の内容（2）に「生活の中で，様々な物に触れ，その性質や仕組みに興味や関心をもつ」と記されています。さらに，解説の部分には，「性質や仕組みに気付き，幼児なりに使いこなすようになる」と記載されています[1]。それでは，それはどういうことか，保育実践に沿ってみていきましょう。

➡1　幼稚園教育要領解説「第２章　ねらい及び内容」「第２節　各領域に示す事項」「３　身近な環境との関わりに関する領域『環境』」p. 186。

Episode 1　これはいったい何の装置だ？（こども園，５歳児11月）

降園前の時間に担任保育者から，子どもたちに次の日のことについてのお知らせがありました。担任が「明日，先生は他の幼稚園のお友達がどんなことをして遊んでいるのか見て，お勉強してくる日なので，代わりに○○先生が来てくれるからね」と，伝えると，Ａ児が「先生，その幼稚園の友達がどんなことして遊んでいるかを写真に撮ってきて見せてよ」と，口にしたのです（現在５歳児のＡ児は，４歳児の時の担任が公開保育に行き，写真を撮って見せてくれたことを覚えていました）。「よし，撮ってくるね」と，子どもたちに伝えました。

２日後の降園前に，公開保育に行き，撮ってきた写真をクラス全員で見る時間をつくりました。撮ってきた写真の中に，何かの装置のようなものを撮った写真（写真８－１）を見た瞬間に「これすごい！」「どうやって遊んでいたのかな？」「段ボールと細い木の板あるな」「板の先にカップがついている」と，口々に話し始めました。するとＡ児が「これカップに何か入れて反対側を押したら飛ぶやつや」と，立ち上がり身振り手振りを交えて，周りの友達に話し始めました。それを聞いた子どもたちも「え！　なにそれおもしろそう」「やってみたいな」「よし明日つくってやってみよう」と，話が盛り上がり降園時間となりました。

写真８－１　何かの装置

Ａ児が他の幼稚園での遊びに興味をもったことで，保育者の撮ってきた写真に写ったモノを見て，子どもたちは思ったことや考えたことを口々に話します。５歳児にもなると，そのモノは何からできているのか，細部まで目を凝らして見て，気付いたことを自分の言葉で話すことができます。そのモノの形状や組み合わせを見て，どのような仕組みなのかを考えることもできるようになっています。
「写真の中のモノを見る」という，モノとの間接的なかかわりからその仕組みや原理を予測し，明日の遊びがさらに展開していきます。

Episode 2　ドングリを飛ばすぞ（こども園，５歳児11月）

翌日，段ボールで三角柱をいくつかつくって保育室に置いておきました。登園してきた子どもたちは，その段ボールとカップの入った籠を持ち，園庭に出ていきました。園庭にある倉庫（木の板や廃材など子どもたちが遊びに使えるものが入っている）に入り，細長い木の板を何本か持ってきて，前日に見た写真を思い出しながら，三角柱と木の板を組み合わせていきます。「この辺りにしようか？」と，友達と相談しながら，写真８-２のようにガムテープを使って板と段ボールを組み合わせていきます。次に，板の先にカップをつけて，反対側を押して動き具合を確かめています（写真８-３）。装置が完成すると，これまで遊びに使っていたドングリをカップに入れて，写真８-４のように勢いよく押してみます。するとドングリは子どもたちの思った方向には飛びませんでした。子どもたちは段ボールを挟んで自分たちの方にドングリが飛んでくると思っていたようでしたが，ドングリは逆の方向に飛んでいってしまいました。保育者は「思った方向と違うほうに飛んだね。どうしたら思った方向に飛ぶかな？」と投げかけました。すると子どもたちは板の位置を調節し始めました。「もうちょっとこっち（手前）に板を動かす？」「一回（板が）どうやって動くかやってみる（写真８-５）」と，その場にいる友達と思った方向に飛ばす方法を考え始めました。何度か試すうちに，丁度よい場所がわかり，何度もドングリを飛ばして遊んでいました。

写真８-２　ガムテープで木と段ボールを固定

写真８-３　動きを確認

写真８-４　力一杯押してみた

写真８-５　友達と相談

子どもたちは前日に写真を見た遊びを，自分たちの園で使うことができるものを使って再現し始めました。最初は見様見真似でつくった装置も，実際にドングリを飛ばそうとすると，思っていたようにはいきませんでした。飛ばしたい方向が目標として友達同士で共有されており，そのために装置に自分たちなりの改良を加え始めます。段ボールと板の位置関係に着目し，ドングリが飛ぶ方向を自分たちで調節しています。飛ばすための仕組みを，遊びを通して感覚的に習得し，その仕組みを利用して目的に向かって試行錯誤していたことがうかがえます。

Episode 3　もっと遠くに飛ばすには？（こども園，5歳児11月）

ドングリを思い通りの方向に飛ばすことができるようになった子どもたちは，たくさんのドングリを飛ばしています。「もっと遠くに飛ばしたいな」の一言がきっかけになり，遊びの目的が“ドングリを遠くに飛ばすこと”に，変わりました。「もっと力いっぱい押してみる」「お尻で板を押してみたら？」と，自分たちが入れる力の大きさに注目する子どもがいる中，A児が倉庫から重ねて高さを出すことができるS棒（ハードル）をいくつか持ってきました。「段ボールをもっと高くしたら遠くまで飛ぶと思う」と言って，写真8-6のように装置をつくり変えました。新たにつくった装置で繰り返しドングリを飛ばします。ドングリの飛んだ距離を見ながら自分たちでS棒の数を増やしたり，減らしたりしています（写真8-7）。

写真8-6　A児の考えた装置

写真8-7　数の調節をする

遊びがおもしろく継続していくと，子どもたちには新たな目的や目標が生まれてきます。この事例では「ドングリを今以上に遠くに飛ばしたい」という思いが，遊びの中から生まれてきました。そのためには，どうしたらよいのかを友達と一緒に考え始めます。「もっと力いっぱい押してみる」「お尻で板を押してみたら？」と言った子どもたちは，「この装置は力を入れることや，体全体を使って板を押すことで遠くに飛ぶ」と，仕組みを理解し自分たちの考えを言葉にしています。さらにA児の「段ボールをもっと高くしたら遠くまで飛ぶと思う」という言葉からは，力の入れ具合だけでなく，支点の部分の高さを変えることで遠くに飛ぶと予測しています。さらに自分たちでその高さを変えられたことで，何度もいろいろな高さで試すことができ，子どもたちなりの納得のいく高さを見つけ出すことができました。繰り返し試す場や十分な時間，自分たちで扱うことができるモノが豊富にあることの重要性がうかがえます。

Episode 4　飛んできたドングリを……（こども園，５歳児11月）

数日間，同じ遊びが継続して展開されていました。ある日，装置から離れた場所で写真８－８のような子どもたちが現れました。飛んできたドングリをキャッチし始めたのです。園内にある「これなら飛んできたドングリをキャッチできる」と，一人一人が考えた砂場にある大小のバケツや大きな金ダライ，網かごなどの用具を持ち，飛んでくるドングリめがけて縦横無尽に走りまわりますが，思ったようにドングリが入りません。しばらくするうちに写真８－９のように，「さっきはこの辺りに飛んできたからここで待ってみよう」「○ちゃんだったらここまで飛ばせそう」と，待ち構える場所が子どもによって変わってきました。さらに，用具の持ち方や待ち構え方もそれぞれで，頭よりも上で持ったり，地面すれすれで持ったりしていました（写真８-10）。

繰り返すうちにどんどんドングリが入るようになり，遊びが盛り上がっていきました。

写真８－８　ドングリをキャッチしようとする子どもたち

写真８－９　予想して待つ子どもたち

写真８-10　思い思いの持ち方でドングリを待つ

「飛んでくるものをキャッチしたい」という子どもの思いから遊びが展開されていきました。年長児にもなると，園内のどの場所に何があるのかを把握しています。ここで重要になるのが，砂場の道具は砂場でしか使ってはいけないのではなく，子どもたちの必要感に応じて，使う場所を制限しないことです。そうすることでこのEpisode 4のように，何を使ってドングリをキャッチしようかと，子どもたちは自分たちなりに考えて道具を選択します。金ダライのように1人で扱うには少し重くても間口が広いものを選ぶ子どももいれば，間口は狭いけれども1人で持っても扱いやすいバケツを選ぶ子どももいました。モノの特徴を理解し，実際に試して自分たちなりの正解に近づいていっています。

さらに飛んでくるモノに対して，予測を立て落下地点を予測しています。これまでの落下地点から推測し次の地点を予測したり，友達の力の入れ具合によっても飛距離が変わると予測したりしています。繰り返し，飛んでくる対象物とかかわることで，原理や仕組みを体感として得て，遊びに取り入れていることがわかります。

Work 1　保育実践を振り返ってみよう

「ドングリ飛ばし」の事例から子どもたちの育ちや学びを探ってみましょう。これだけの期間にわたって遊びが展開された要因は何だったでしょう？　保育者は育ちや学びをどのように援助していましたか？　考えてみましょう。

その後グループに分かれて考えたことを話し合ってみましょう。

2　遊びの中で繰り返される失敗から学ぶ子どもたち

幼稚園教育要領解説には，「第2章　ねらい及び内容」の領域「環境」の内容（8）に「身近な物や遊具に興味をもって関わり，自分なりに比べたり，関連付けたりしながら考えたり，試したりして工夫して遊ぶ」とあり，さらに解説部分には，「身近にある物や遊具，用具などを使って試したり，考えたり，作ったりしながら，探求していく態度を育てることが大切である」と書かれています。[2]

➡2　幼稚園教育要領解説「第2章　ねらい及び内容」「第2節　各領域に示す事項」「3　身近な環境との関わりに関する領域『環境』」p. 192。

この部分についても保育実践をもとに見ていきましょう。

Episode 5　乗ってみてもいい？（こども園，5歳児6月）

園庭にある砂場で子どもたちは思い思いに穴を掘ったり，山を作ったり，掘った穴に水を流し込んだりして遊んでいました（写真8-11）。掘った穴に水がどんどん溜まっていきます。そこへ船の玩具を浮かべた子どもがいました（写真8-12）。それを見た周りにいる子どもたちも次々に浮かびそうなもの（スコップ，お椀，型抜き，スプーンなど）を，近くにある砂場の倉庫から持ってきては浮かべます。すると，船の玩具を浮かべた子どもが，水を溜めるために置いておいたプラスチック製のタライを持ってきてその場に浮かべます。そばにいた保育者を見ながら「乗ってみてもいい？」と尋ねます（写真8-13）。保育者は「もちろん！どうなるかな？」と，笑顔で頷きました。恐る恐る足を伸ばして浮かべたタライに乗りました。

写真8-11　砂場遊びの様子

写真8-12　船の玩具を浮かべた瞬間

写真8-13　タライに乗れるかな？

年長児6月の砂場での一場面です。船の玩具を浮かべたことがきっかけになり周りの穴を掘ったり山を作ったりしている子どもたちも水に浮かびそうなものを自分なりに考えて持ってきます。遊びを通して試すことで，水に浮くもの浮かないものを知っていきます。そして自分も何かに乗って浮いてみたいという思いが出てきたことで，近くにあったタライを持ってきて，この後，体を通して浮力を感じることにつながっていきます。

Episode 6　タライに乗ってみよう（こども園，5歳児6月）

恐る恐るタライに乗ってみると，「ぐらっ」と，大きく揺れました。「すごい！　乗れた」と，大喜びしている様子を見て子どもたちがさらに集まってきます。「やってみたい」と，交代でまずは1人ずつタライに乗っていきます。「ほんまや！　浮いてる浮いてる」と，タライの中で足を開き，左右に体を揺らしながら話しています。中には（写真８-14）のように，しゃがんでタライのふちを持って揺らしている子どももいました。（写真８-15）のように２人でタライに乗ってみると「これやったら重くて動かへんわ」と，笑いながら保育者に伝えています。次々にタライを運んできて乗り，さらにはシャベルをオールのようにして進もうとする子どもも出てきました（写真８-16）。

写真８-14　体を揺らして乗ってみる

次の日，砂場の水は干上がっていました。続きをして遊びたい子どもたちは「まずは深く掘ろう」と，掘り始め前日のように水を溜めていきます。実際に乗りながら「ここはぷかぷかしないな」「体が重いから違う？」「こっち（の金タライ）は重くて，こっち（のプラスチックのタライ）は軽いん違う？」「もっと深く掘って水をたくさん入れたらぷかぷかすると思う」など口々に話していました。

写真８-15　友達と一緒に

写真８-16　漕いだら進むかな？

実際にタライに乗ることで浮くとはどういうことなのか，どのような感覚なのかを体験しています。浮力を感じるために，タライに対して様々なかかわりをしていることがわかります。立って揺らすことで不安定さをより感じたり，しゃがむことで重心を下げた時の揺れ具合を感じたり，２人で乗ってみて，浮くのかどうかを試したり，かかわりは様々です。そのかかわりで感じ取ったことを自分なりの言葉で友達や保育者に伝えています。

さらにもっと浮かぶようにするためにはどうしたらよいかを考えています。重さが関係しているのか，素材自体の性質が関係しているのか，水の量や深さが関係しているのか，その場にいる子どもたちが遊びながら要因を探っていることがわかります。

Episode 7　イカダをつくろう！！（こども園，5歳児6月）

保育者はこれまでの遊びの姿を受け，ペットボトルを5本つないだものを砂場の倉庫に入れておきました。それに気が付いた子どもがそれを浮かべて乗ってみます。「あれ？　これは浮かばないな」と，不満そうな表情を見せました。その日の好きな遊びが終わった後の話し合いでこの話題を取り上げました。すると，話を聞いていた別の遊びをしていた子どもから「なんかそれイカダみたいやな」と，声が上がりました。その場で保育者が「イカダって何？」と尋ねると「木の丸太でできた船みたいなやつで，だからもっとつなげて広くしたらイカダみたいになるんじゃないかな？」と話すと，砂場で遊んでいた子どもたちも「それはいい！　おもしろそう」となり，話し合いがそこで終わりました。

写真8-17　浮かばないな

ここで保育者から新たな投げかけとして，ペットボトルを5本つなげたものを新たに環境として準備しています。これまでは，タライとして，すでに形としてあるものに乗って浮かぶことを十分に感じて遊んできていました。そこで保育者は自分たちの身近にあるモノで，さらに手を加えていくことができるモノがないかを考え，ペットボトルを用意しました。ここから，さらに自分たちで乗れるものを作っていく過程で素材の特性に気付き，それらを利用して自分たちのオリジナルのイカダづくりへと発展していきます。

Episode 8　イカダ1号（こども園，5歳児6月）

話し合いを終えて，保育室に戻ってくるとすぐに，ペットボトルが入っている素材箱を見てみます。「ペットボトル全然ないな」「これやったらイカダ作られへん」と，残念そうに話していました。保育者から「牛乳パックならたくさんあるよ」と伝えると，「よし！　それでつくろう」と，子どもたちは給食後に保育室で，牛乳パックを並べ始めました。友達と協力しながら，牛乳パックを抑える子どもと，ガムテープを貼りつけていく子どもとに役割を決め，「広くしてみんなが乗れるようにしよう」と話しながら隙間なくどんどんつ

写真8-18　友達と一緒に並べます

なげていきます。

次の日，出来上がったイカダを持って砂場に向かいます。水に浮かべると「スー」っと動き，子どもたちも期待をもち，イカダに乗ってみます。「乗れた乗れた」と，しばらくは大興奮で友達と代わる代わる乗って遊びました。しばらくして「何かもう浮かんでない気がする」と言いだしました。「なんでかな？　イカダを１回持ち上げてみたら？」と，保育者が問いかけました。実際に子どもたちが持ち上げようとすると，「めっちゃ重い」と持ち上げようとした子どもたちから声が漏れると同時に，「ジャー」という大きな音とともに大量の泥水が出てきました。「めっちゃ水が入ってるやんか」「だから浮かばなくなったんや」と，言いながら保育室へ向かいました。

写真８-19　ガムテープを使って固定していきます

写真８-20　浮かんでない気がする

写真８-21　持ち上げたら重い

ここでは子どもたちが作ろうと考えているイカダの大きさはとても大きく，今あるペットボトルだけでは足りないと感じ，保育者の提案した大量にある牛乳パックの素材を選択しました。この時点では，ガムテープを牛乳パックと牛乳パックを貼りつける道具として使用しています。そして，出来上がったイカダを浮かべて遊んでいましたが，これまでタライで感じていた浮力を感じなくなった瞬間が訪れます。保育者の問いかけをきっかけに，イカダの牛乳パックに水が溜まっていることに気が付き，この後子どもたちは牛乳パックのイカダに改良を加えます。

Episode 9　イカダ２号（こども園，５歳児６月）

保育室に戻るとすぐに，牛乳パックやペットボトルの入っている材料の箱を持ってきて新たに牛乳パックを並べ始めます。「次は牛乳パックの絵を全部隠そう！」と，友達と声を掛け合い，ガムテープを使い牛乳パックの表面をすべて覆うようにしていきます。この時，ペットボトルも少し使っていたので，その日の帰りに，ペットボトルを２本組み合わせたものを子どもたちに見せ，「こんなのも使うことできないかな？」と，投げかけると，「いいかも！　イカダの下につけてみよう」となり，子どもたちは帰っていきました。

翌日，園にやってくるとすぐにペットボトル同士を組み合わせて前日に作ったイカダの底の部分に取り付け，砂場に向かいます。１号よりも小さくつくられた２号なので，１人ずつ乗っています。上半身を揺らしながら，その場で回ってみたり，イカダを押して進ませてみたりして遊びました。片付け直前になり，「あれ？　なんかまた動かなくなってきた」と子どもたちがつぶやきます。その日の遊びの話し合いでも，この話題が子どもたちから出てきました。それを聞いていた子どもたちが，「牛乳パックには水が入るけど，ペットボトルには水は入ってないよ」と，声が上がりました。

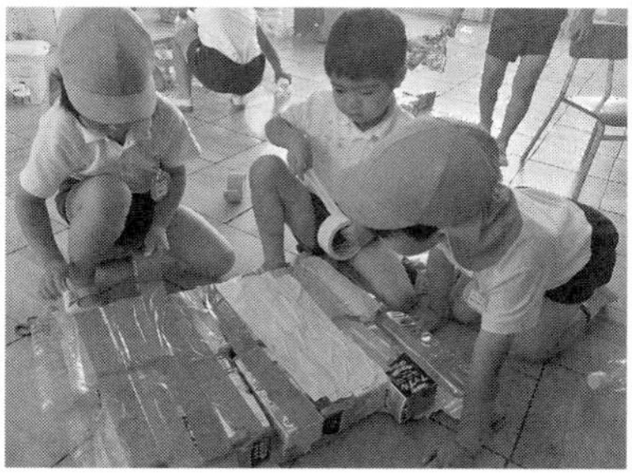
写真８-22　牛乳パックの表面をガムテープで覆います

写真８-23　ペットボトルも使ってみよう

写真８-24　イカダ２号に乗れた

子どもたちは前回の失敗から，牛乳パックに水が入らない方法を自分たちで考えました。その答えが「表面をガムテープですべて覆う」というものでした。ここで，保育者は「そんなことをしても入ってしまうからこうしたら？」と，言いたくなる気持ちをこらえ，子どもたちのかかわりを認め見守ります。また，ペットボトルも使っている様子を見逃さず，後に子どもたちが使いたいというかもしれないと考え，保育者はペットボトルを集めておきました。異なる素材への気付きの機会と捉え，大量に準備していたペットボトルも使うことができると提案しています。２つの素材を組み合わせて作ったことで，牛乳パックとペットボトルでは同じ条件下であっても，ペットボトルには水が入らないことが子どもたちの気付きにつながりました。この結果を受け，次のイカダ作りへと続いていきます。

Episode 10　イカダ3号～5号（こども園，5歳児6月）

翌日の登園後すぐに，子どもたちはペットボトルのみを使ってイカダを作っていきます。ペットボトルの平らな底同士を貼りつけて長くしていきます。「ベッドみたいに寝転んで乗れるかも」と，期待を膨らませながら作っていきます。さらに，ペットボトルのキャップの部分にビニールテープを巻いていきます。出来上がったイカダを友達と一緒に砂場へ運びます。前日の午後に大雨が降ったこともあり，砂場の水は満タンでした。作ったイカダに立って乗ったり，寝転んで乗ったり，2人で乗ったりいろいろな乗り方を繰り返し楽しむことができました。

写真8-25　ペットボトルをどんどんつなげていきます

写真8-26　2人乗りに挑戦しています

2回の失敗を乗り越え，ペットボトルならば大丈夫だと確信した子どもたちは，牛乳パックをつなげた時の経験をもとに，ペットボトルも隙間なくつなげるために，平らな底同士をつける方法をとっています。さらに，水が入ると浮かばないことを何度も経験してきているので，念には念を入れて，キャップにまでビニールテープを巻きつけています。浮かぶと確信があったこともあり，これまでのイカダとは違い，乗り方も大胆になり，いろいろな態勢でイカダに乗り浮力を感じることができました。

Work 2　保育実践を振り返ってみよう

「イカダプロジェクト」の事例から子どもたちの育ちや学びを探ってみましょう。これだけの期間にわたって遊びが展開された要因は何だったでしょう？　保育者は育ちや学びをどのように援助していましたか？　考えてみましょう。
　その後グループに分かれて考えたことを話し合ってみましょう。

3 継続した育ちや学び，遊びを支えるとは

❶ 毎日の記録

　これまで紹介してきた保育の実践事例において，欠かせないものが，毎日の記録です。写真や動画による記録や，文章で子どもたちの様子を残すエピソード記録など，記録の種類は様々です。その記録の中に，目の前の子どもたちがおもしろがっていることは何か，楽しいと感じているポイントは何なのかを，幼児理解に基づいて記録していくことが重要となってきます。「ドングリ飛ばし」では，飛ばすことだけでなく，飛んできたドングリを受けようとする子どもが出てきています。そのことを記録し，次の日にその子どもたちにかかわることで，子どもたちの育ちや学びは，飛ばすことのみならず動くものをつかまえることにも興味関心が向けられるようになっています。日々，記録を残していくことで，子どもたちの育ちや学びを読み取る力はどんどんついていきます。

❷ 環境の再構成

　次に，その記録を生かして，環境を再構成することの重要性があります。「イカダプロジェクト」では，ペットボトルが子どもたちが想像していたほど量がなかったという出来事が起こっています。そこで，保育者は量がないからあきらめるのではなく，今その場にあるモノ，準備できるモノで，子どもたちの探求心が持続できるモノはないだろうかと瞬時に判断しています。水にぬれても大丈夫なモノで，イカダをつくるのに適した素材はないだろうかと，これまでの子どもたちの経験や楽しんでいることをもとに，この場面では

大量の牛乳パックを見せ提案しています。このように，記録をもとに，今の子どもたちが楽しんでいることを丁寧に把握することによって，本当に必要なモノを保育者が再構成することができるのです。

❸ 保育実践者として心がけること

最後にもう一度，これまでのEpisodeやWorkを振り返り，保育者として，モノとのかかわりから生まれる育ちや学びをどのように捉えて支えるのかを考えてみましょう。

まず，モノとのかかわりは子どもたちから，自発的・主体的に行われるということです。そして，その子どもの自発的・主体的な遊びをよく見て，一緒に遊ぶことで，子どもたちが楽しんでいること，興味をもっていることを探ります。モノとのかかわりでの育ちや学びはこの「楽しんでいること」「興味をもっていること」の中に含まれています。それらをできるだけ詳細に読み取り，次への興味につなげるために保育記録を継続して行い，記録や子どもの姿をもとに環境の再構成を行っていくことが重要であります。

モノとのかかわりをじっくりと楽しむことができる保育者をめざしてください。

Book Guide

・**無藤隆（編著）『10の姿プラス５・実践解説書』ひかりのくに，2018年。**

「幼児期の終わりまでに育ってほしい姿」（10の姿）について，実践事例をもとに写真や文章でわかりやすく解説されています。環境にかかわりながらどのように「幼児期の終わりまでに育ってほしい姿」に向かっていくかを読み取ってみてください。

Exercise

1.「ドングリ飛ばし」と「イカダプロジェクト」のEpisodeを読み感じたことや考えたこと文章にしてまとめてみましょう。
2. まとめた文章から，モノとのかかわりにおいて重要だと思うポイントを抜き出して，キーワードを付箋に書き，貼り出し，全体で共有しましょう。

第 9 章

自然とのかかわりを支える保育の展開

4 歳児の男の子が，キリの葉を包丁で切っています。このようなかかわりが生まれるためには，どのような環境や援助が必要でしょうか？

すぐ気づくのは，このような葉っぱがあったから，このかかわりが生まれたということです。園庭に草一つ生えていない，葉っぱ一つ落ちていない環境であれば，それら自然物とのかかわりは生まれませんね。

また，この写真を見て，微笑ましく思った人も，危なっかしく思った人もいることでしょう。先生たちが「このような危ないことはさせられない」と考えるのであれば，当然ながらこのようなかかわりは生まれません。包丁やまな板という環境が用意されており，その行為を認めているから，このかかわりは生まれています。そのように考えると，自然物とのかかわりを支えるためには，単に身近に自然があればよいというだけではなさそうです。

ここでは，子どもたちの自然物とのかかわりを支えるためには，保育者はどのようなことを大切にすればよいかを考えていきたいと思います。

本章では，子どもの自然とのかかわりを支えるための保育の具体的な事例の紹介や，そのための保育者の役割，援助などについて考えてみたいと思います。

まず，はじめに自然とのかかわりを支えるために，保育者はどのようなことに気をつければよいかを考えてみましょう。

Work 1　自然とのかかわりを支えるための援助

日常の保育において，子どもの自然とのかかわりを支えるためには，保育者はどのような援助をすればよいでしょうか。5つ程度箇条書きにして付箋に書き出してみましょう。次に3，4人で書き出したものを共有しながら，それらをグループ化して，グループ名をつけてみましょう。

どのようなグループができたでしょうか。それらの中には，自然とのかかわりならでは，というものもあるでしょうし，自然以外のどのような対象においても大事にしたらよいものも出てきたことでしょう。自然とのかかわりは，子どもにとって身近な環境とのかかわりの代表ともいえるものでしょうから，環境とのかかわりにおいて普段から大事にしたい内容が当然含まれるのだと思います。

そこで本章では，子どもの自然とのかかわりを支えるための援助を，身近な環境とのかかわりを支えるための基盤となる考え方や援助も含めて示していきます。

1　時間，空間を保障しよう

自然も含め，子どもたちの身近な環境とのかかわりを支えるためには，かかわることのできる時間と空間を保障することがまず大事だと考えます。それぞれについて考えてみます。

まず時間についてです。細切れの時間の中では，自然物や自然事象に出会うことや，そこで自分なりに試したり確かめたりじっくりかかわることが難しいことは理解しやすいと思います。時間に追われることで，保育者が効率よく環境に出会わせようとして，かかわり方を押しつけてしまうこともありますが，そこには子どもなりのセンス・オブ・ワンダーを働かせる余地がなくなりがちです。さらに時間に追われる中では，保育者の側も子どもたちの気付きや発見を受け止める余裕がなくなってしまいます。一見，効率の悪そうな時間をどれだけ保障できるかは，保育の中で何を大事にしたいかという保育観にかかわる問題です。子どもたちに充分な時間を保障できていないとすれば，何が時間を圧迫させているのか，その中でどのような時間を大事にしていきたいかをもう一度立ち止まって考え直してみるのもよいでしょう。

次に空間についてです。これについては，森のような広大な園庭がある園がある一方で，園庭のない中で保育している園もあるように，置かれている環境がまちまちで，そのこと自体は変えようがありません。ですから，それぞれの置かれた環境の中で，いかに子どもたちがかかわることのできる多様な空間を保障できるかが大事になります。例えば園庭があっても，花壇やモニュメントなどその大部分は子どもたちがかかわることができないとすれば，それは空間を豊かに保障したことにはなりません。一方で園庭はなくても，戸外に出かけて子どもたちがかかわる空間を保障している園もあるでしょう。子どもたちが自由にかかわることができる空間がどれだけあるかが問われます。

また，空間の質も問題になります。いくら広い空間でも，草一つ生えていないグラウンドや，芝しか生えていない場所では，それは自然環境としては豊かな環境とはいい難いです。いわゆる雑草が生えていたり，葉っぱや枝が落ちていたりするなど，植物の多様性が保障されている場の方が，結果的に小動物も含めて出会える対象が広がりますし，遊びも広がる豊かな環境といえるでしょう。公園に出かける園も多いかもしれませんが，あまりに整備されている場所は自然との出会いを保障しにくいこともあります。あまり整備されていない空き地や河原などの方が，多様な生物との出会いを保障できることもあるように思います。東京大学の発達保育実践政策学センター（2018）が出している「子どもの経験をより豊かに――園庭の質向上のためのひと工夫へのいざない[1]」には参考にできることがたくさん載っていると思います。それぞれの園でより豊かな空間を保障するためにはどうすればよいかを考えてみるとよいですね。

➡1　このリーフレットは，以下のアドレスからダウンロードできます。
http://www.cedep.p.u-tokyo.ac.jp/cms/?wpdmdl=15190

2 かかわる自由を保障しよう

いくら時間と空間を保障して，子どもたちの身の回りに自然があったとしても，子どもたちにかかわる自由が与えられていなければ，当然かかわりは生まれません。保育者がかかわりを禁止するのは，「危ないから」「ルールだから」「保護者から苦情が来るから」など様々な理由あるでしょうが，まさにそこに保育において，子どもたちにどのような経験を保障していきたいかという，保育者の価値観，保育観が表れます。

まず，危険だと思われる場合について考えてみましょう。ケムシや派手な色のキノコ，かぶれそうな植物を触ることは，多くの保育者が止めます。それは「危険だと思っているから」ですよね。しかし，本当に危険かどうかは知らないことが多いのではないでしょうか。例えばケムシに関しては，実は人を刺すのは２％と言われています[2]。毒のキノコ，かぶれる植物に関しても，正確な知識がないから子どもたちのかかわりを闇雲に禁止していることが多くあるでしょう。ですから，子どもたちの自由なかかわりを保障するためには，保育者の最低限の知識は必要です。そうはいっても知識を一人で身につけるのは大変ですよね。そのような場合は自然に関して詳しい方に園庭を見てもらい，自分たちの園の自然環境を学ぶ機会をもてるとよいかもしれません。また，「イモムシハンドブック」シリーズ[3]などのハンディな図鑑を手元に持っておくこともよいでしょう。調べられる安心感でむやみに恐れることがなくなります。

次に，急坂や石に上ることも危ないからと禁止されることがあります。特に一度怪我が起こると，再発を恐れてかかわりを禁止しがちです。そのような環境の危険に対しては，リスクとハザードという考え方を知っておく必要があるでしょう。「都市公園における遊具の安全確保に関する指針（改訂第２版）」には，以下の説明があります[4]。

①リスクは，遊びの楽しみの要素で冒険や挑戦の対象となり，子どもの発達にとって必要な危険性は遊びの価値のひとつである。

➡2　梅谷献二「庭の刺す毛虫・刺さない毛虫」，https://www.jataff.jp/konchu/kemushi/index.html。

➡3　高橋真弓・中島秀雄（監修），安田守『イモムシハンドブック』文一総合出版，2010年。

➡4　国土交通省「都市公園における遊具の安全確保に関する指針（改訂第２版）」2014年，p.８。

子どもは小さなリスクへの対応を学ぶことで経験的に危険を予測し，事故を回避できるようになる。また，子どもが危険を予測し，どのように対処すれば良いか判断可能な危険性もリスクであり，子どもが危険を分かっていて行うことは，リスクへの挑戦である。
②ハザードは，遊びが持っている冒険や挑戦といった遊びの価値とは関係のないところで事故を発生させるおそれのある危険性である。また，子どもが予測できず，どのように対処すれば良いか判断不可能な危険性もハザードであり，子どもが危険を分からずに行うことは，リスクへの挑戦とはならない。

つまり保育者には，「ハザード」を取り除き，「リスク」を適切に見守る態度が必要です。リスクまですべて取り除いてしまうと，子どもたちの主体的な遊びも取り除くことになりかねません。安全管理[5]をして，子どもがコントロールできないハザードを取り除きながら，失敗や小さな怪我があっても見守っていける職員体制を作っていくことで，子どもたちの自由なかかわりを保障していきたいですね。

危険がなくても，ルールだから，好ましくないからということで子どものかかわりを禁止することがあります。花壇の花を摘んだり，水たまりに入って遊んだりする場合です。繰り返しになりますが，そこには子どもにどのような経験を保障したいか，園庭をどのような場所にしたいかという，保育者や園の保育観が色濃く反映してきます。

ここで述べたことは，「子ども時代には子どもたちが身近な環境とかかわる生活を大事にしていきたいよね，そのためには，子どものかかわる自由を保障し，保育者はなるべく禁止や邪魔をしないようにしたいよね」という内容です。そのことが子どもたちのセンス・オブ・ワンダーを十分に働かせることにつながりますし，遊び込むことにもつながり，結果として様々な育ちも保障していきます。

➡5 「安全な状態を維持，また危機状態を想定したときの被害や影響を最小限にとどめるために，危険な要員を認知し整える，もしくは取り除くなどの取組みを行うこと」（秋田喜代美（監修），東京大学大学院教育学研究科附属発達保育実践政策学センター（編著）『保育学用語辞典』中央法規出版，2019年，p. 122）。具体的には，月に１度程度の「安全点検」を職員で行っている園が多いようです。

3　子どもが感じることを受け止めよう

自然とかかわる時間，空間，自由を保障された子どもたちの自然

➡6　例えば，子どもたちは棒きれや石ころをとても大事にもってきます。大人は目もくれない虫の死骸を凝視する子どももいます。穴があったら，石を入れたり棒を突っ込んだりなど，ずっとそこで遊び続ける子どももいます。

➡7　完全な自然でなくても，大学の駐車場の端など，地面があって植物が生えていているところであれば実施可能です。

➡8　この活動は，しゃべらずに一人で行ってください。遊びを闇雲に見つけようとするのでなく（自分の知っている遊びをしようとしないでください），ゆったりとした気持ちで自然環境に心を開き，子どもに戻って身近な自然物を触っていると，いろいろな感情が沸き起こってくると思います。

を感じる感性は，実に目を見張るものがあります。しかし，大人からすると，たわいもないものに感じられたり，よくわからなかったりするものも数多くあります[6]。第4章でも紹介したように，子どもたちの「センス・オブ・ワンダー」を新鮮にたもちつづけるためには，その感動を分かち合ってくれる大人がそばにいる必要があります。その役割を果たしていきたいですよね。

そのような子どもの姿に出会ったとき，保育者が「何をしているの？」「何があるの？」と言葉で説明させようとすることもありますが，子どもは身体を通してそのことを感じているので，適切に言葉にすることは難しいことが多いです。また，たとえ言葉で表現できたとしてもそれを聞くことが共感とも思えません。また，保育者の方が「これは○○だね」などと科学的な説明を加えたり，またやたらと「すごいね」と反応したりすることも見られますが，そこには子どもが感じている神秘さや不思議さへの共感が本当にあるでしょうか。

子どもが感じていることはわからないこともあります。その際は，言葉で説明を求めるのでなく，同じ視線になって同じものをじっと見る，同じことをやってみるなど，自らの身体を使ってその子どもの心もちに近づこうとすることが，子どもが感じていることを受け止め共感することにつながるのではないでしょうか。

ここで，みなさん自身が自然を感じるWorkをしてみたいと思います。

Work 2　自然の中で遊びを見つけよう

戸外のなるべく自然の残っている場所に行きましょう[7]。そこで，10分間，黙って様々な自然とかかわることで，自分なりの「おもしろい」「不思議だ」という遊びを見つけてみましょう[8]。遊びはどんなに些細なものでもよいです。10分経ったら，４人組でそれぞれの発見した遊びをみんなで体験してみましょう。ただ紹介するのでなく，実際にやってみて，そのおもしろさを味わってください。

このWorkを通してどのようなことを感じたでしょうか。一つは，遊具や材料がなくても遊びは見つかることを発見したのではないでしょうか。遊びが見つからない時，身近にあるものを何となく触れたりちょっと試したりすることで，自らの心が動き，そこにおもしろさを発見していった方もいるでしょう。そして，みなさんが見つけた遊びは，名前もない，一見つまらなそうな地味なものが多いでしょう。でもやってみると楽しいですよね。これらのことは，子どもも全く同じです。子どもにとって，遊びが見つからずにうろうろしているような時間も大事で，そのうち何かを感じ，遊びが生まれていくのです。そして，そのような素朴な遊びは一見つまらなそうでも，当人にとってはおもしろさや不思議さを含んだ経験なのでしょう。

さらに，このWorkを通して，同じ場で活動しても関心をもったり発見する対象は各人によって違っていることや，それぞれの発見にそれぞれのおもしろさがあることに驚いた方も多いでしょう。そして，それぞれの感じていることを共有するためには，言葉で説明されるより実際に身体を通してやってみることが近道であることを感じられたと思います。

子どもたちが感じていることは，保育者が想定していることではないことが多く，一見地味で無駄に見えることが多いかもしれません。そのような子どもたちが感じていることを受け止め共感するための考え方や方法のヒントになればと思います。

4　多様な自然と出合う機会を保障しよう

子どもたちには豊かな感性が備わっているといっても，子どもたちの普段の生活では気付きにくい対象や，働かせにくい感性もあります。そこは人生の先輩である保育者の出番です。その例をいくつか紹介しましょう。

まず，季節ごとの花や食べ物，木の実などとのかかわる機会の保障です。[9]その季節ならではの自然にかかわることができるよう，それらがある場所に行ったり，それらへの気付きを促したり，それらを使って遊ぶことができる体験ができるようにしたいものです。そこで気に留めておいてほしいのが，五感を用いてかかわるようにすることができることです。保育者が食べられることを示したり[10]，匂いを嗅ぐ機会を設けたり，一緒に耳を傾けたりすることで，子どもたちもそれらの感覚を働かせることができます。それらの五感を通した原体験ができるためには，保育者の働きかけが有効です。

➡9　園庭や身近な園外の自然物を知るために，季節ごとの自然マップを作成してみるのもよいですね。キャンパス内の季節ごとのマップを作ってみてもよいでしょう。身近な環境を知る機会にもなります。

➡10　園で食べるという経験ができにくい時代になってきました。しかし，身近な自然物を食べることで，子どもたちは身近な環境に親しみをもち，つながりを感じていくのだと思います。安全に配慮しながら食べる活動を続けてほしいものです。

次に，風や光，寒さなど自然事象との出合いの保障が挙げられます。これらのものは，子ども自身が気付きにくかったり，気付いてもそれをどう扱ってよいかわからなかったりすることがあります。そこで，凧のようなもので風を受けたり，光が意識できるようセロハンで色をつけたり，影の存在に注目して影で遊んだり，氷を作るきっかけを与えたりするなどの援助を通して，子どもたちがその事象のおもしろさや不思議さを感じることとなり，遊びに取り入れることにつながっていきます。

また，継続して関心をもてるように支えるのも保育者の大事な援助です。子どもたちは，目の前で起こる変化には関心を示しやすいですが，長いスパンでの変化には関心を向けにくい傾向にあります。そこで，新鮮な気持ちで出会い続けることができるように，例えば栽培活動だと植えた種や苗の毎日の水やりや観察を勧めたり，芽が出る，花が咲くなどの変化を共有したり，植えてからの変化を思い出せるようにそれぞれの時期の写真を掲示したりする，などの援助が考えられます。また，食べられる栽培物であれば収穫して最後に調理したり，種を収穫して来年に取っておいたりするなど，生き物の循環を感じられるようにする援助も有効でしょう。木々の色づきや落葉なども，意識化できるように支えることで，気付きや驚きを感じることにつながっていきます。

最後に，子どもたちの多様な自然との出合いを保障することは大事ですが，単にその機会を設定すればよいわけではありません。そこに子どもたちにとっての必要感や心の動きが重要となります。保育者が心を動かしながらそれらと出会うことで子どもたちの関心を増したり，子どもたちが心を動かしたことをきっかけにしたりして，出会っていくことを大事にしていきたいものです。

5　かかわりを深める援助をしよう

子どもたちは，思いのままに身の回りの自然とかかわっていきますが，継続してかかわったり，それらをうまく利用して遊んだり，さらに試したりするためには，アイデアや道具が必要なこともあります。例えば，野の花を摘んで集めることは，子どもたちはすぐに

写真9－1　植物を使った色水作り

写真9－2　クワの実を摺りおろす

でも行えますが，ちょっとした包装紙やリボンがあると花束になります。またすり鉢やすりこぎがあることで，色水を作るという変化を楽しむことができます。透明の容器があって，それを並べると，色の違いを比べることもできます（写真9－1[11]）。また，ドングリなどの木の実も，そのままでも集めることはできますが，トイレットペーパーの芯などを使ってコースを作ることで，転がして遊ぶことがさらに活発になりますし，穴開け器を使うことでコマや首飾りなどを作って遊ぶこともできます。またおろし金があると，削って粉にしてその中身を使うこともできるようになります（写真9－2[12]）。

このように，子どもたちが興味や関心をもったことに対して，さらに試すための気付きを促したり，必要な道具や用具を用意したりしてみましょう。ここでのポイントも，あくまでも子どもの興味や関心に沿うことです。保育者が先走りしてアイデアや道具を与えたけれども，子どもは結局そのことに興味を失ってしまったということもよくあります。

➡11　写真9－1では色はわかりにくいのですが，これらは，左からヨウシュヤマゴボウの実，クサギの実，セイタカアワダチソウの花から作った色水です。絵の具などを使わなくても，きれいな色が出る自然物が身近にあります。

➡12　これは，おろし金を使って，クリの実を摺りおろしているところです。粉状にしてそれをままごとで使うような遊びも子どもたちは好みます。

6　多様性を大事にしよう

自然とかかわる保育実践をする際に留意してほしいことに，自然の多様性に気付くこと，自然物の多様性を活かした活動をすること，子どもたち一人一人の多様な表現を保障すること，があります。多様性を大事にした保育実践を行うことが，自然とかかわる保育の大事な意味だと考えます。そのことを，Work 3 を通して経験してみましょう。

Work 3　身近なお気に入りの自然物を見つけよう

戸外に出て，自分のお気に入りの自然物を一つ見つけてみましょう。拾えるものは手に取ってください。[13] もっと気に入ったものがあったら，途中で変えてもよいです。5分ほどしたら，5，6人で持ち寄って，自分がどんなところが気に入ったのかを紹介して，お互いにシェアしてみましょう。

➡13　自然物がある程度豊かな環境であれば，実際に手に取って集める方が触り心地や匂いなども確かめられるためによいでしょうが，拾える自然物が少ない場合は，お気に入りの風景を切り取って紹介する方法もあります（日本シェアリングネイチャー協会「知りたい・体験したい」「森の美術館」，https://www.naturegame.or.jp/know/sn_life/000711.html）。

さて，どんなものを見つけてきたでしょうか。遊びを見つけるWrok 2でも感じたでしょうが，このように注目することで何もなさそうな場に実に多様なものが存在していることに気付くでしょう。そして，誰も同じものを見つけてこなかったのではないでしょうか。みなさんの感性の多様性も発揮されたわけです。もし，見つけたものもお気に入りの部分も同じだとしたら，その場所が多様性の貧しい場所であるか，みなさんの感性が十分発揮できていないかのどちらかだと思います。視覚で「きれい」というだけでなく，触覚を用いて「気持ちいい」だったり，嗅覚を用いて「不思議な匂い」だったり，五感を通したお気に入りを見つけられるとよいですね。この活動は，はじめから「お気に入りの触り心地」を探してくる，というように五感の一つに特化して行うこともできます。

さて，子どもたちが園庭にある自分の一番お気に入りの自然物を探してくる活動を行ったとすると，まず子どもたちは同じものは持ってきません。たとえ同じモミジの葉っぱを持ってきても，ある子は穴の空き方が気に入っていて，ある子は色の変化が楽しいと感じていたりします。このように，自然物は各々の多様な感性を受け止めるだけのキャパシティがあります。さらに，感じたことには正解，不正解がありませんので，誰が感じたことも否定されず，みんなで受けとめやすいです。ですから，自然のもっている多様性を活かす活動は，一人一人の多様性を認めることのできる活動になっていきます。

例えば絵画や製作の表現活動において，時に一人一人の多様な表現を認めずに，決められた同じものを作らせようとしたり，見栄えがよいものを作らせようとする保育が今でも行われているように思います。本来は，一人一人のその子らしさが発揮されるはずの表現活動でそうなるのはとても残念なことです。その点，自然とかかわる活動は，自由度や許容性が高く，そして自然物の多様性から，一人一人のその子らしい多様な表現が生まれやすいです。例えば，筆

写真9-3　自然物で作ったひな人形

者の以前の勤務園では，ひな人形も自然物で作っていました（写真9-3）[14]。そのことで，同じ姿形をしたおひな様はおらず，その子の個性が際立つことになりました。

　このように，一人一人がその子らしい表現を行い，そのことを受け止められることは，一人一人がそのままで大事にされることを幼児期に経験することになりますし，一人一人の感じ方や表現の仕方が異なることを身体で感じることにもなるでしょう。

　さらには，私たちの周りには，植えている花や飼っている生き物だけでなく，時に人間にとって都合がよくないと思われるものも含めた実に多様な自然物が存在しています。子ども時代に多様な自然とかかわることは，それぞれが生きていることや自分とつながった存在であることを身体を通して感じることになり，その後の自然観，環境観を作る基盤となるのではないでしょうか。

➡14　身近な自然物を見つけてきたり，使えそうな自然物を保管しておいたりして用意し，それらをグルーガンなどでつけることにより，オリジナルのひな人形ができあがります。自然物からイメージが湧くようで，それぞれの子どものこだわりの部分が現れてきます。

7　自分のこととして考える経験となるようにしよう

　自然とかかわることは，生き物や命とかかわる機会となります。このことは第4章でも取り上げ，自然とかかわる活動をすれば命の大切さや畏敬の念を感じるという程単純なものではないのではないか，と述べました。ここでは，年長児による飼育当番活動の事例を通して，命の問題や生き物を飼うことについて考えてみたいと思います。

Episode 1　ウコッケイの飼育活動について考える

〈4月下旬　当番活動のやり方を考え直す〉

年長児になり，本格的にウコッケイの飼育当番が始まった。昨年度引き継いだ当番のやり方では，ウコッケイの餌は3杯あげることになっていた。しかし，雛が生まれて個体数が増えたのでその量では足りないようだった。子どもたちにウコッケイが夕方に鳴いていることを伝えると，すぐに「お腹がすいているんだね」という言葉が返ってきた。すると「ちゃんと3回ご飯入れてるよ」とある子がいう。そこで，「そうか。でも，3回じゃ足りないみたいなんだよね。夕方に「お腹すいたよ～」って鳴くんだもん。見に行ったらね，エサ入れが空っぽになってるのよ。どうしたらいいかな？」と問いかけてみた。すると，「いっぱい入れてあげる」という意見が出て，続いて「20よ！」「50は？」「100回くらい？」と口々に言い始めた。そんな流れを一気に変えたのが，アキオの「でもさ，食べすぎたらお腹が痛くなるよ」という意見だった。その一言に，みんな妙に納得した。そこで「そうなん？みんなも食べ過ぎたらお腹が痛くなるん？」と聞くと「うん」「下痢になったりする」など自分がお腹を壊した状況を思い浮かべながら，その姿とウコッケイの姿を重ね合わせた。そして「多すぎたらいけんけ，10回くらい？」などと言い始め，「4人おるんじゃけ，4と4にしたら？」の発言にみんな納得して「8回」という新ルールができた。

次の日，当番は，私が何も言わなくても自分たちで8回餌を入れていた。お昼には，数名の子どもが餌の量を見て，「まだ餌残ってるから，大丈夫そうだね」「8回でちょうどいいくらいかもね」などと会話している様子が見られた。

〈5月上旬　ウコッケイが産んだ卵をどうするのか，考える〉

4月末，ウコッケイが卵を温め始めた。母鶏の様子から卵を温めていることを確信した子どもたちは，卵を採取しようとはせず，卵を温めている母鶏の近くにえさを撒いたり，優しく見守ったりするようになった。しかし担任保育者は，この飼育小屋ではウコッケイがこれ以上増えるとスペースが足りなくなることを危惧し，本音では孵化させるのは避けたいと思っていた。それでも，母鶏がじっと温めているので，卵を奪うことに心苦しさも覚えていた。そこで，正直に子どもたちにそのことを話し，どうするか一緒に考えることにした。

子どもたちに，ありのままに相談すると「工事してウコッケイの部屋を大きくすればいい」「誰かが飼う」などの安易で人任せな考えが出てきた。工事については現実的に難しいことを伝え，飼う人については「その人がちゃんと飼ってくれなかったら，どうなるのかな？」と投げかけてみた。すると「死んだら可哀想」という意見が出ると同時に，「だったら（卵を）食べる？」と言い始める子どももいた。すると，「だめ！ヒヨコになるんだから，食べたらお母さんが泣くよ」とヒヨコにしたい子どもが強く訴える。結果として「誰かがちゃんと飼えるなら孵化させること，それが難しかったらヒヨコにはできないから卵を自分たちで食べること」に意見が落ち着き，子どもたちが保護者に相談することにした。すると次の日に，ある保護者が飼ってもいいと申し出てくれた。そこで，ヒヨコになることを楽しみにしながら当番活動をすることになった。

〈５月下旬　卵がなくなった事実を知り，現実と向き合う〉

５月下旬，母鶏が温めていた卵が突如なくなった。集いの時に，当番が「卵がなかった」とクラスのみんなに報告すると，子どもたちからは「えー」「なんで？」という，驚きと疑問と失望が混ざったような反応が見られた。以前，飼育小屋でヘビを見たことがある子どもたちは，なくなった原因はヘビではないかという結論に至った。「母鶏が一生懸命温めていたのにね。みんなも大事に育てようとしていたのにね」と子どもたちの気持ちを私が言葉にすると，卵がなくなったことを残念だと思う気持ちがはっきりしてきて，卵を食べたであろうヘビを嫌いだと思う子どもも出てきた。

そこで今度はヘビの立場に立って考えてみることにした。「ヘビはどうして卵を食べたのだろう？」と子どもたちに尋ねてみると，子どもたちからは「ヘビはお腹が減っていて，食べないと死んじゃっていたかもしれない」などと，ヘビにとっては卵を見つけて食べることは生きていく上で大事なことだったということを理解しているような回答が多く聞かれた。しかし理屈はわかっていても，自分たちにとって大事にしていた卵がなくなったことが残念で仕方がない様子で，「でもさ〜，ヒヨコにならんの，嫌じゃん」とつぶやく子どもの姿が見られた。

その３日後，ウコッケイが新たな卵を産んでいた。その卵をどうするかの話し合いの結果，今の時期は蛇が出るから自分たちで食べよう，秋になって蛇が出なくなったら，卵を温めるようにしようと決まった。この話し合いの通り，子どもたちは10月から卵を温められるようにし，10月の終わりに３羽の雛が生まれた。子どもたちはヒヨコをそれはかわいがり，よく世話もした。そして卒園間際の３月に，ヒヨコの今後のことについて再び話し合い，引き取ってくれる施設の存在を知った。そこまでみんなで大きくなったヒヨコを連れて行き，今後のことをお願いして，ヒヨコたちとお別れした。

このエピソードでは，保育者は子どもたちが飼育活動を自分のこととして考える[15]ことができるように，子どもたちが主体となって考えることを支えています。実際は大人が「餌は６杯」「幼稚園ではこれ以上飼えないから食べることにする」など，やり方を決めてしまった方が合理的で時間のロスが少ないでしょう。しかし，それでは，子どもたちは義務として与えられたから当番活動を行うことにはなるでしょうが，「自分のこととして」飼育活動を捉え，その生き物のことを考えていくことにはつながっていかないでしょう。保育者が状況に流されやすい子どもたちの言動も含めて責任をもって受けとめ，その上で飼うことを自分のこととして感じられるよう考えるきっかけを与えることで，子どもたちは次第に生き物を飼うことを自分と関係あることとして考えるようになっています。

そのように，自分と関係あることとして飼育動物とかかわることで，その対象との距離がぐっと近くなり，その対象を深く知り，結果として対象への深い愛着が湧いてきているように思います。そのことで，その生き物とのかかわり方が丁寧になり，愛情をもってお世話をするようになり，そして命を身近なこととして感じるように

➡15　ESD（持続可能な開発のための教育）やSDGs（持続可能な開発目標）という言葉を聞いたことがあるでしょうか。ESDが目指すのは，現代の様々な「課題を自らの問題として捉え，一人ひとりが自分にできることを考え，実践していくこと」で，「持続可能な社会を創造していくこと」です（文部科学省ホームページ「今日よりいいアースへの学び　ESD　持続可能な開発のための教育」「ESDとは」より）。自分のこととして考え行動する態度は幼児期から育まれます。

なっているのではないでしょうか。幼稚園教育要領等の領域「環境」の「内容」にある「身近な動植物に親しみをもって接し，生命の尊さに気付き，いたわったり，大切にしたりする」[16]の「親しみをもって接し」とは，単に飼う行為ではなく，このエピソードにあるような経験をしていくことなのでしょう。

また，ヘビが卵を食べたエピソードには，保育者の様々な生き物に対する態度が表れています。子どもたちの残念だという思いは汲み取りつつ，全てを人間の都合だけで考えることに対する疑問を子どもたちに示しています。ヘビのように自分たちには都合が悪い生き物もいるけど，その生き物も生きており排除すればいいわけではないことや，10月になったら育てようと考え，その結果ヒヨコが生まれ育ったことで，工夫次第で共存できることを，子どもたちは身体的に感じたのではないでしょうか。このように，生き物とかかわることに対して，自分のこととして責任をもってかかわっていく経験が，「自然観」や「環境観」の基礎を培っていくのだと考えます。

16　幼稚園教育要領「第2章　ねらい及び内容」の「環境」の「2　内容（5）」。なお，保育所保育指針，幼保連携型認定こども園教育・保育要領にも同様の記載があります。

8　自然とのかかわりを支える保育の指導案の作成にあたって

さて，ここまで読んできて，「自然とのかかわりを支える保育の指導案」を作成してくださいと言われたら，みなさんはどのように思いますか。難しいと感じるのではないでしょうか。もしそうだとしたら，それはとても大切な気付きだと思います。自然とのかかわりは子どもによって受け取るものが違いますし，経験内容をコントロールしきれるものではありません。まずはそこを立脚点にすることが大切だと思います。つまり，自然とのかかわりを支える保育を展開するためには，時間や空間，自由を保障し，自然との出合いを保障することで，その中で子どもが感じたことを受け止めることが中心になるということです。

その上で，例えば季節のものに出合う機会を作ることができるようにしたり，子どもたちが感じていることをより試したり工夫したりするなどのかかわりを深める援助をしたり，自然の多様性を感じることのできる援助をしたり，自分のこととして考えることができる援助をしたりなど，自然とのかかわりを広げ，深める援助を行っていくのが保育者の仕事となります。自然とのかかわりを支えるためには，これらのことを留意しつつ，指導案を作成していきましょう。

Book Guide

・高橋真弓・中島秀雄（監修），安田守『イモムシハンドブック』文一総合出版，2010年。
見るのも楽しい，イモムシ，毛虫のハンドブック。これを見ると危険な毛虫が少ないことがよくわかります。第３巻まで出ています。

・広島大学附属幼稚園（監修），松本信吾（編著）『身近な自然を活かした保育実践とカリキュラム――環境・人とつながって育つ子どもたち』中央法規出版，2018年。
身近な環境を活かした具体的な保育実践を紹介しながら，幼児期の各時期に大事な経験を整理しつつ，カリキュラムを示した本です。

Exercise

1. 自然とのかかわりを支えるために，保育者はどのようなことを考慮する必要があるでしょうか。
2. 自然とのかかわりを支えるための指導案を作成する際に，気をつけておかなければならないことはどのようなことでしょうか。実際に身近な環境で遊びを見つける活動などを通して学んだことを含めて考えてみましょう。

第 10 章

社会とのかかわりを支える保育の展開

「収穫したジャガイモやタマネギを使って，カレーライスをつくろう」「みんなで，買い物行こう」「作戦会議だ」。
子どもたちが体験する「身近な社会」はどのようなものなのでしょう？

子どもたちは成長するに従って，かかわりをもつ社会が広がっていきます。まず，家族というごく身近な社会からそれは始まります。そして，次第に友達や小学生・中学生，高齢者や働く人々など自分の生活に関係の深い地域の人々との触れ合いの中で，自分から親しみの気持ちをもって接し，自分が役に立つ喜びを感じるようになります。

子どもの生活は，家庭，地域社会，そして，園と連続的に営まれています。子どもの家庭や地域社会での生活経験が園において保育者や他の子どもと生活する中で，さらに豊かなものとなり，園生活で培われたものが，家庭や地域社会での生活に生かされるという循環の中で子どもの望ましい発達が図られていきます。

1 社会とかかわる力の根っこを育てる

❶ 現代の社会の子育て問題と保育者の使命

現在のわが国における乳幼児期の子育てを取り巻く社会の状況については，様々な課題が指摘されています。例えば，少子化や都市化の影響から，家庭や地域において，子ども（乳幼児）が人や自然と直接に触れ合う経験が少なくなったり，この時期の子どもにふさわしい生活のリズムが獲得されにくいことなどが挙げられています。さらには，家族や地域社会の在り方が変化する中で，不安や悩みを抱える保護者が増加していること，また，保護者の養育力の低下や児童虐待の増加なども指摘されています。

やがて社会とのかかわりをもつようになる赤ちゃん（新生児・乳児）ですが，その出発は親や家族との関係です。私たち保育者は子どものみならず，その子らの養育にかかわる人達を支えていきます。それでは，乳児期において社会とのかかわりをもつ力の根っこになるものは何でしょうか。まず，「社会とかかわろうとする」心情や意欲につながっていく体験と保育者の援助について考えていきましょう。

❷ 身近な人への信頼を育て，社会への関心につなげる

赤ちゃんのかわいい笑顔に，思わずほほえみ返したり，優しく守ってあげたい気持ちになったことはありませんか。実は赤ちゃんの笑顔も社会とのかかわりをもとうとするスキルの一つなのです。

もちろん，生後０～２か月の新生児は，「楽しい」や「うれしい」という感情によって笑顔をつくっているのではありません。これは神経反射や筋肉運動による生理的な反応で，新生児微笑（生理的微笑）といわれるものです。でも，生後２か月を過ぎるとこの新生児微笑から少しずつ社会的微笑に変わっていくのです。

生後２か月を過ぎるくらいから，母親や父親，家族や保育者など

周囲の人たちがあやしたり抱っこしたりすると，少しずつ反応を返し，笑うようになってきます。

さらに，生後３か月を過ぎたころには視覚や聴覚も発達し，「楽しい」「うれしい」という感情によって笑うようになります。このように周囲の人たちに対して，自発的に笑うようになることを社会的微笑といいます。周囲の人や社会とのかかわりをもつ第一歩といえますね。かかわりの中で笑ったり，泣いたりと感情が芽生え表情も豊かになっていきます。

ところで，泣く赤ちゃんに困ってしまった経験はありませんか。でも，赤ちゃんの「泣く」という行動は，「助けて」「なんとかして」という他者に対する信号，つまり感情の表現です。その「助けて」という表現に対して応えてあげるという親や大人の態度はとっても大切なことなんです。「○○したから，してあげる」というのではなくて，「自分は『助けて』と求めると無条件でその欲求が受け入れられて助けてもらえる存在なんだ」という感覚が，赤ちゃんに安心感を与えます。

このように，乳幼児期に親や信頼できる大人からまもって（護って）もらう体験を，繰り返し，繰り返しすることが大切なのです。赤ちゃんは小さくて弱い存在ですから，常に不安なことや怖いことにさらされています。「だいじょうぶ。だいじょうぶ」とまもってくれて，応えてくれる安心感が，自己肯定感や，人への信頼感，「きっと，うまくいく」という期待感にもつながっていきます。これらが根っことなって自分の周りの環境，つまり，社会への期待や信頼も形成されていきます。

2　生活に関係の深い情報や施設などへの興味や関心を促す

❶ いろいろな人とかかわる機会をつくる指導計画とは

第５章で述べたように，子どもたちは，まず，親や祖父母など家族から愛されていることに気付き，家族を大切にしようとする気持ちをもつようになります。そして，次第に友達や小学生・中学生，高齢者や働く人々など自分の生活に関係の深い地域の人々との触れ合いの中で，自分から親しみの気持ちをもって接し，自分が役に立つ喜びを感じるようになります。

子どもの生活は，家庭，地域社会，そして，園と連続的に営まれています。子どもの家庭や地域社会での生活経験が園において保育者や他の子どもと生活する中で，さらに豊かなものとなり，園生活で培われたものが，家庭や地域社会での生活に生かされるという循環の中で子どもの望ましい発達が図られていきます。

したがって，指導計画を作成し，指導を行う際には，家庭や地域社会を含め，子どもの生活全体を視野に入れ，子どもの興味や関心の方向や必要な経験などを捉え，適切な環境を構成して，その生活が充実したものとなるようにすることが重要です。

このためには，家庭との連携を十分にとって，一人一人の子どもの生活についての理解を深め，園での生活の様子などを家庭に伝えるなどして，望ましい発達を促すための生活を実現していく必要があります。

❷ 地域の人的資源を活用する――お年寄りとのかかわりをもつ

Episode 1　おじいちゃん，おばあちゃん「こんにちは」（3歳児，5月）

私たちの園の近くには高齢者福祉施設があります。園外保育で公園に行く時はその前を通っていきます。施設のテラスで将棋や編み物，ひなたぼっこなどをしているおじいちゃんやおばあちゃんは，子どもたちの赤い帽子を見つけると，にこにこして，私たちの様子を見てくれています。

保育者がお辞儀して挨拶すると，子どもたちも元気な声で「おはようございます」と続きます。おじいちゃんやおばあちゃんが「かわいいねえ」「みんなで，どこにいくの？」などと話しかけてきてくれました。

「はい。公園に行ってきます」と保育者が応えると，おじいちゃんやおばあちゃんが「気をつけていっていらっしゃい」と手を振って見送ってくれました。

子どもたちが周囲の環境に関心をもつようになるためには，保育者自身が様々な情報に広い関心を示したり，いろいろな人とかかわったり，かかわり方のモデルとなってその姿を子どもたちに提示したりすることが大切です。

また，Episode 1 のような高齢者福祉施設をはじめ公園や図書館など，様々な公共の施設を利用したり訪問したりする機会を設けることで，子どもが豊かな生活体験を得られます。保育者は地域にある物的資源，人的資源に対するアンテナを張っておくことが求められています。

Episode 2　名人登場

仲良くなった高齢者福祉施設のおじいちゃんの中に「芋作り名人」がいることがわかりました。園で栽培しているさつま芋の生育が悪い話をしていたら，ある日，園を訪問してくれました。肥料のことや管理のことなど，いろいろな専門的なアドバイスをいただきました。「来年は畑作りから来ますよ。施設の土いじりの好きな仲間も一緒にお手伝いします」と力強い園のサポーターになってくれました。

秋に収穫したお芋をお届けしたら，おばあちゃんたちが干し芋にして，園に届けてくれました。干し芋のおやつを一緒に食べた後，あやとりやお手玉やコマ回しなどの昔遊びも教えていただきました。

都市化や核家族化が進行する中，世代間の交流が乏しくなった現代では，子どもが高齢者などと触れ合う機会が少なくなっています。こうした状況の中で，園に高齢者や地域の方を招き，伝承遊びを教えてもらったり，昔話を語ってもらったり，伝統芸能などを披露してもらったりすることは，人に対する親しみや感謝の気持ちを育む上で，重要な機会です。

❸ 地域の物的資源を活用する――公共施設とのかかわりをもつ

次の Episode 3 はある幼稚園で幼児期に太平洋戦争の空襲を経験した吉田のおばあちゃんに戦争体験の語り部をお願いしたものです。

Episode 3　平和を願う会

〈吉田さんのお話〉

1945年 7 月 4 日，まだ，朝が明けていない暗い中，129機の B-29爆撃機が徳島市の空に飛んできたんだ。向こうに沖之州の海があるでしょう，その新町川の河口から「グオーン　グオーン」ってすごく響く音で飛んで来たんだよ。私はまだ 3 つで，小さかったから，お母さんが私に防空ずきんをかぶせて，抱きかかえて，畑の防空壕に走って行ってくれた。

（中略）

私の家は徳島市のはずれにあったので，焼夷弾は落とされなかったけど，徳島の街の空は真っ赤に燃えていたよ。私は，怖くて怖くて泣き声も出せずに，お母さんにしがみついていたんだよ。後で聞いた話では，徳島の街は 6 割が焼け野原になって，1000人もの人が死んでしまった。2000人もの人が大やけどや大けがをしたんだよ。焼夷弾で家を焼かれて，大やけどを負った人たちが「あついー。みずー」って，お水をもとめて新町川に集まってきてね。川は死んだ人でいっぱいになったんだって。とってもむごたらしいものだったんだよ。二度とあんな戦争はイヤだよ。

そのお話を聞いた後，子どもたちから「家が焼かれた子どもたちはどうなったんですか？」「どうして，戦争をしたんですか？」などの質問があり，吉田さんは丁寧に答えてくれました。その後，戦争の犠牲になった方々へ黙祷をし，みんなで「ちいさな世界」をうたってこの会を終えました。

こうした人々との触れ合いを通し，子どもが様々な文化に出会い，興味や関心をもったり，自分の家族や身近な人のことを考えたりするきっかけとなることも大切でしょう。

Episode 3 の平和を願う会の後すぐ，子どもたちは園長と一緒にインターネットで「徳島大空襲」や「焼夷弾」，「防空ずきん」などについて調べました。

後日，5 歳児組は園外保育で，市立図書館を訪れました。保護者から「子どもが帰ってきて，『けんかや戦争は絶対だめ』なんていって兄弟げんかの仲裁をしたんですよ。ところで，先生，図書館で『徳島大空襲と戦後展』やっていますが，ご存じですか？」との情報をいただきました。私たちはすぐにホームページを調べて，園外保育を計画しました。徳島大空襲の記録や資料について，もっと知りたかったからです。毎年，図書館ではこの時期に徳島大空襲に関係する展示をしているとのことです。写真展示のほか，図書館司書さんに子どもにもわかりやすい画集や写真集，絵本などを紹介してもらいました。子どもたちは沈黙の中で，静かに見入っていました。

Work 1　フィールドワーク

①大学の最寄り駅周辺へ行ってみましょう。
②そして，デジタルカメラやスマートフォン等を利用して，子どもたちを取り巻く標識や文字等の環境にはどのようなものがあるのか撮影してみましょう。

③5，6名のグループでその標識や文字等の写真を貼り付け，どんなものがあったか話し合いましょう。

Work 2　保育案・指導案を作成してみましょう

図書館の活用の仕方や過ごし方について，簡単な指導案を作成してみましょう。指導案の形式は，あなたの大学のものを使ってください。5歳児組の子どもたちを想定してください。

〈形式の例〉

○ねらい

① （使い方やマナーに関するねらいを考えてください。）

② （絵本や本や視聴覚機器に関する興味関心に関するねらいを考えてください。）

○内容

・（①のねらいを達成するための具体的な活動について考えてください。複数ならさらにいいです。）

・（②のねらいを達成するための具体的な活動について考えてください。複数ならさらにいいです。）

予想される活動	環境の構成と援助のポイント
10：00 ・市立図書館に到着する。 ・「図書館」や「入口」「受付」「トイレ」などの標識や標示に気付く。 ・あいさつをして，図書館の使い方の「おやくそく」についての説明を聞く。	・一般利用者に配慮しながら並び，人数の確認をする。用便の必要がある子どもはいないか聞き，必要な子どもに対応する。この時，複数の保育者で連携して誘拐や迷子，不測の事故のないよう引率するように配慮する。
10：10 ・徳島の歴史や戦争に関する展示や資料のあるところに案内してもらう。 ・（その他，子どもが入館から退館するまでの活動で，子どもたちに体験してほしい事柄を考えてみてください。）	（図書館使用のマナーやルール，いろいろな絵本や本や視聴覚機器への関心，図書館の司書さんや館長さんなど仕事などへの関心や感謝の気持ちを促すポイントについて，保育者の援助や環境の構成の観点から具体的に考えてください。）

Work 3　模擬保育をしてみましょう

5，6名のグループをつくり，一人が保育者になります。他の人は子ども（5歳児）役です。Work 2の保育案・指導案を使って図書館到着から閲覧の開始までの模擬保育をしてください。時間があれば，役割を交替して行ってみましょう。

❹ 文字など自然に触れられる環境を構成する

子どもたちは，先に紹介したエピソードに登場したお芋名人のおじいちゃんや戦争体験の語り部のおばあちゃんにお手紙を書きました。うれしかった気持ちや感動したこと，これからも仲良くしてほしい願いなどを込めて文字や絵，折り紙などで表現しました。

子どもたちにとって，文字を読んだり書いたりできるようになることは一種の憧れでもあります。保育者は，保育の中で文字を扱うわけですから，ただ単に正確に書けることやきれいに書けること，たくさん文字を知っていることなどを大切にするのではありません。第一に大切にしたいことは，子どもの思いや感動など「伝えたいこと」を豊かに体験することや，そのためにはふさわしい方法があることを知ること，そして，それらへの興味や関心をもつことです。子どもにとって，自分が話している言葉がある特定の文字や標識に対応しているのを知ることは新鮮な驚きです。

保育者は，まず子どもが標識や文字との新鮮な出会いを自然に体験できるよう環境を工夫する必要があります。また，生活の中で様々な標識や標示に触れたり，自分たちでクラスの標識などを作って生活したり，遊んだりする中で，標識が意味やメッセージをもっていることに気付くことも大切です。標識が，人が人に向けたメッセージであり，コミュニケーションの手段の一つであることを感じ取れるよう環境を工夫していく必要があります。

また，絵本や手紙のやりとりなどを楽しむ中で自然に文字に触れられるような環境を構成することを通して，文字が様々なことを豊かに表現するためのコミュニケーションの道具であることに次第に気付いていくことができるよう，子どもの発達に沿って援助していく必要があります。

幼児が文字を道具として使いこなすことを目的にするのではなく，人が人に何かを伝える，あるいは人と人とがつながり合うために文字が存在していることを自然に感じ取れるように環境を工夫し，援助していくことが重要です。

3 地域の伝統や文化，外国の文化などへの興味や関心を促す

❶ 地域の魅力に触れる

各地域には，それぞれ永年にわたって培われ，伝えられた文化や伝統があります。筆者の園がある徳島市は四国八十八か所の霊場巡りや阿波踊りなど有名なものがあります。

園外保育で実際の霊場巡りを体験したり阿波踊りに参加したり，自分たちでも夕涼み会や運動会，外国からのお客様の歓迎会で阿波踊りをする機会をつくっています。

これらに触れる中で，子どもが，日本やその地域が長い歴史の中で育んできた伝統や文化の豊かさに気付いたりすることも多くあります。

子どもたちは，四季折々の地域の伝統的な行事などへの参加を通して，自分たちの住む地域のよさを感じ，地域が育んできた文化や生活などの豊かさに気付き，一層親しみを感じるようになっていくでしょう。

❷ 外国人など，自分とは異なる文化をもった人に親しみをもつ

筆者の園では，外国からの留学生や研修生が訪れる機会があります。来園される方の国の国旗を調べて描いたり，「ウエルカムフラッグ」を作って飾りつけたりしてお迎えします。絵本やインターネットで調べて国旗を描いたり，地球儀でその国の場所を調べたりします。調べながら，世界にはわたしたちの住む地球以外にもいろいろな国があることや，それぞれの国を表すいろいろな国旗があることを知っていきます。また，国旗のデザインに込められた意味や歴史などにも触れていきます。子どもたちは，お客様の来園する日を楽しみにしながら，外国人の方の立場や目線にたって園の環境を見直していきました。トイレや靴箱などの標示は文字と絵を併せた

写真10-1　一緒に阿波踊りを楽しむ

写真10-2　お茶の接待

子どもなりのユニバーサルデザインで表現していきました。

お客様をもてなすという活動の中では，様々な知識や作法が身についていきます。

筆者の園では，外国からのお客様をお迎えする会で阿波踊りを披露したり，お客様と一緒に踊ったりしてもてなします。日頃から親しみのある自分たちの踊りを自信たっぷりに披露したり，一緒に踊ってもらったりすることに，子どもたちはとても誇らしい様子です。

このような機会を設けているのは，子どもたちにとって，異文化と触れることで，幼児なりの他者理解や寛容の心などの多様性が培われると考えているからです。また，異文化と触れる中では，改めて自分たちの地域の文化のよさや特徴にも気付くことができます。写真10-1はJICA（国際協力機構）の歓迎会で一緒に阿波踊りを楽しんでいる様子です。

阿波踊りを一緒に楽しんだ後はお茶の接待をしました（写真10-2）。お客様に親しみがもてるようになると，コミュニケーションも自然な感じでとれるようになりました。「What is this（これは何）？」「これは折り紙よ。折り鶴をどうぞ」などと身振り手振りやものを介してやりとりします。「おじちゃんの国でも折り紙で遊ぶの？」など，お客様を介して外国の暮らしや文化への関心も触発されていくようです。

異なる文化をもつ人々の存在は，近年，ますます身近になってきています。幼児教育施設においても，多くの外国籍の子どもや様々な文化をもつ子どもたちが，一緒に生活しています。

私たち保育者は，一人一人の子どもの状態や家庭の状況などに十分配慮するとともに，それぞれの文化を尊重しながら適切に援助することが求められます。また，子どもが一人一人の違いを認めながら，共に過ごすことを楽しめるようにしていきます。

園の生活の中で，様々な国の遊びや歌などを取り入れたり，地球儀や世界地図を置いたり，簡単な外国語の言葉を紹介していくことも，子どもが様々な文化に親しむ上で大切なことです。

異なる文化を持つ人とのかかわりを深めていくことは，子どもだけでなく私たち保育者にとっても重要であり，多文化共生の保育を子どもや保護者と共に実践していきましょう。

Book Guide

・神永美津子・堀越紀香・佐々木晃（編著）『保育内容環境』光生館，2018年。
　自分の暮らす地域とのつながりを感じることや社会とのかかわりについて気付いていく指導の手立てが紹介されています。

・無藤隆・増田時枝・松井愛奈（編著）『保育の実践・原理・内容――写真でよみとく保育』ミネルヴァ書房，2014年。
　社会生活とのかかわりをつくるための具体的真実践例と指導のポイントが紹介されています。

Exercise

5～6人のグループを作って次の課題に取り組みましょう。

①園に外国の人を迎えるという設定で，子どもと一緒に歓迎の意味を表す標示やお客様が滞在しやすい環境になるための標識を考えて，作成してみましょう（文字や記号や絵などを使って）。

②次にその作成の意図と工夫をグループの仲間に説明しましょう。

③外国の人に自分たちの園のよさや特徴を伝えるデモンストレーションをしてみましょう。ポイントは外国人に説明しながら，子どもにも理解できるような言葉や表現を選ぶことです。

第 11 章

領域「環境」と小学校教育のつながり

おさんぽ。子どもたちは，園生活の中で，まちの中を歩きながら，様々な環境と出合います。小学校低学年もまち歩きをよく行います。どのような機会で行っているのでしょうか。

園では，おさんぽでまちを歩く機会が多くあります。また小学校「生活科」では，まち探検や季節を見つけてみようなどの単元で，まち歩きが行われています。まちには様々な環境（もの，場所，ひと，社会，自然）があふれています。子どもたちは，公園に行くことが目的であったとしても，まちを歩きながら，それぞれが関心あるものに心奪われます。車通りのバスの車体，桜並木のさくら，ふと飛んでいたトンボ，華やかなバラの香り，高台の上からのながめのよい風景，商店街の元気に挨拶してくれるお兄さん。そこには，まちの中でしか出合うことができない，様々な世界が広がっています。そして，園でのこのような様々な環境との触れ合いの機会が，小学校での環境とのかかわりの機会につながっているのです。

みなさんは，幼保小連携や小学校への接続期，小1プロブレムといった言葉を聞いたことがありますか。これらはすべて，幼児教育・保育と小学校教育のつながりにかかわる言葉です。

「私は保育者だから，幼児教育・保育のことだけ知っていればよい」「小学校のことは小学校の先生が考えればよい」と，思ってはいないでしょうか。

これまでの章でみなさんは，領域「環境」について学んできました。この領域「環境」と小学校教育は，実は大変かかわりが深いのです。

そこで，本章では，領域「環境」と小学校教育のつながりについて考えていきたいと思います。

1　保育と小学校教育とのかかわり

❶ なぜ，保育者が小学校教育について学ぶのか？

保育者をめざすみなさんが，小学校教育について学ぶ理由は何でしょうか。中には小学校教諭免許状を合わせて取得しようとする方もいるでしょう。しかしそうではない場合，小学校の先生として教えることがないのに，小学校教育について学ぶ必要がなぜあるのでしょう。

そのヒントを探るために，まずは幼稚園教育要領，保育所保育指針，幼保連携型認定こども園教育・保育要領の中で，小学校とのかかわりが記されている箇所を見てみましょう。

> ・小学校以降の生活や学習につながる基礎づくりの教育の実践[1]
> 幼稚園教育[2]が，小学校以降の生活や学習の基礎の育成につながることに配慮し，幼児期にふさわしい生活を通じて，創造的な思考や主体的な生活態度などの基礎を培うようにすること。
> ・園・学校の教職員の連携[3]
> 幼稚園教育[4]において育まれた資質・能力を踏まえ，小学校教育が円滑に行われるよう，小学校の教師との意見交換や合同の研究

➡1　幼稚園教育要領「第1章　総則」「第3　教育課程の役割と編成等」「5　小学校教育との接続に当たっての留意事項」(1)。なお，保育所保育指針，幼保連携型認定こども園教育・保育要領にも同様の記載があります。

➡2　幼稚園教育要領で「幼稚園教育」と書かれているところは，保育所保育指針では「保育所保育」，幼保連携型認定こども園教育・保育要領では「その教育及び保育」となっています。

➡3　幼稚園教育要領「第1章　総則」「第3　教育課程の役割と編成等」「5　小学校教育との接続に当たっての留意事項」(2)。なお，保育所保育指針，幼保連携型認定こども園教育・保育要領にも同様の記載があります。

の機会などを設け，「幼児期の終わりまでに育ってほしい姿」を共有するなど連携を図り，幼稚園教育と小学校教育との円滑な接続を図るよう努めるものとする。

・園児・児童の積極的な交流[5]

幼稚園教育と小学校教育の円滑な接続のため，幼稚園の幼児と小学校の児童との交流の機会を積極的に設けるようにするものとする。また，障害のある幼児児童生徒との交流及び共同学習の機会を設け，共に尊重し合いながら協働して生活していく態度を育むよう努めるものとする。

・子どもに関する情報共有[6]

子どもに関する情報共有に関して，保育所に入所している子どもの就学に際し，市町村の支援の下に，子どもの育ちを支えるための資料が保育所から小学校へ送付されるようにすること。

また，2017年の幼稚園教育要領，保育所保育指針，幼保連携型認定こども園教育・保育要領（以下，幼稚園教育要領等）の改訂（定）では，幼児期に「育みたい資質・能力」「幼児期の終わりまでに育ってほしい姿」が次のように示されています。[7]

育みたい資質・能力

（１）「知識及び技能の基礎」，（２）「思考力，判断力，表現力等の基礎」，（３）「学びに向かう力，人間性等」

「幼児期の終わりまでに育ってほしい姿」

（１）健康な心と体，（２）自立心，（３）協同性，（４）道徳性・規範意識の芽生え，（５）社会生活との関わり，（６）思考力の芽生え，（７）自然との関わり・生命尊重，（８）数量や図形，標識や文字などへの関心・感覚，（９）言葉による伝え合い，（10）豊かな感性と表現

「幼児期の終わりまでに育ってほしい姿」については，保育の中での様々な体験を通して育まれる育ちの可能性，方向性が示されていますが，これらは小学校入学までの到達目標ということではありません。

以上から幼稚園教育要領等では，園の保育と小学校教育の円滑な

➡4　幼稚園教育要領で「幼稚園教育」と書かれているところは，幼保連携型認定こども園教育・保育要領では「幼保連携型認定こども園の教育及び保育」となっています。

➡5　幼稚園教育要領「第１章　総則」「第６　幼稚園運営上の留意事項」３。なお，幼保連携型認定こども園教育・保育要領にも同様の記載があります。

幼保連携型認定こども園教育・保育要領では，「幼稚園教育と小学校教育の」とあるところは，「小学校教育との」，「幼稚園の幼児」は「幼保連携型認定こども園の園児」，「幼児」は「園児」と書かれています。

➡6　保育所保育指針「第２章　保育の内容」「４　保育の実施に関して留意すべき事項」「(2)　小学校との連携」ウ。

➡7　幼稚園教育要領「第１章　総則」「第２　幼稚園教育において育みたい資質・能力及び『幼児期の終わりまでに育ってほしい姿』」。なお，保育所保育指針，幼保連携型認定こども園教育・保育要領にも同様の記載があります。

接続を目的に，主に次の視点が挙げられます。

○小学校以降の生活や学習につながる基礎づくりの教育の実践

園の保育の中で，小学校の生活や学習の基礎を培うことの重要性が示されています。

保育では，子どもたちは主体的かつ多様な環境とかかわりながら成長していきます。遊びを通して様々な学びを得ていき，そこでの創造的な思考や主体的な生活態度などの基礎，いわゆる上記の，幼児期に「育みたい資質・能力」や，「幼児期の終わりまでに育ってほしい姿」が培われ，小学校での生活や学習につながっていくこととなると考えられます。こうしたかかわりを理解するうえでも，保育者が小学校教育について学ぶ大切さが見えてきます。

○園・学校の教職員の連携，園児・児童の積極的な交流

園・小学校の，保育者・教員の連携，子どもたち同士の交流を通して，小学校教育との円滑な接続を図ることの重要性が示されています。

小学校教育との円滑な接続のために，保育者・教員の連携や，子どもたち同士の交流の機会が大切であることが見えてきます。一小学校区には多くの園が存在するため，連携や交流の機会を設けることは，それぞれ行事も多い中難しい状況が予測されますが，保育者・教員が連携することで，現場の保育や小学校教育の実態，子どもたちの姿について学びあうことができ，また小学生が園に訪問して小学校生活について伝えてくれたり，園児が小学校へ訪問して小学校での学びの姿を目にすることができることで，より小学校での生活がイメージでき，はじまりが楽しみとなるはずです。こうした，園と小学校の連携・接続は「幼保小連携（または保幼小連携）」と呼ばれています。

小学校教育への円滑な接続のため，上記2つが大切な視点となっていることがわかると思います。

❷ 保育は小学校生活・学習の基礎を培う――特に領域「環境」と生活科との関連

前述にあるように，園の保育における小学校生活や学習の基礎を培う重要性について示されていますが，それでは領域「環境」においては，小学校教育とどのようなかかわりがあるのか，考えていき

たいと思います。幼稚園教育要領の「環境」を事例として見ていきます。

領域「環境」では，内容（1）〜（12）にあるような，生活の中の身近な環境とのかかわりを通して，好奇心や探究心をもち，生活に取り入れようとする力を育むことがねらいとされています[8]。

小学校の教科との関連を見ていくと，国語（文字），算数（数量や図形），図工（図形）などの内容も含まれますが，自然，物の性質や仕組み，季節，人間の生活，動植物，文化や伝統，物，遊具，標識，情報，施設等の内容から，最も関連が高い教科として生活科や理科，社会が考えられます。特に幼児期とのかかわりを考えると，領域「環境」の内容は小学校「生活科」での学びの内容とのつながりが見られます。

➡8　領域「環境」の内容：（1）自然，（2）物の性質や仕組み，（3）季節，自然，人間の生活，（4）自然，（5）動植物，（6）文化や伝統，（7）物，（8）物や遊具，（9）数量や図形，（10）標識や文字，（11）情報や施設，（12）国旗（幼稚園教育要領「第2章　ねらい及び内容」の環境の「2　内容」）。

❸小学校生活科について

生活科は，1989年の学習指導要領の改訂により，小学校低学年（1，2年）において，社会，理科の教科が廃止されて，新たに設置された教科です。「具体的な活動や体験を通して，身近な生活に関わる見方・考え方を生かし，自立し生活を豊かにしていく」ことをねらいとしています[9]。

➡9　小学校学習指導要領「第2章　各教科」「第5節　生活」

その学びの内容としては，「学校，家庭及び地域の生活に関する内容」として，学校と生活，家庭と生活，地域と生活といった，児童の最も身近な生活環境とのかかわりが示されています。

つぎに，「身近な人々，社会及び自然と関わる活動に関する内容」として，公共物や公共施設の利用，季節の変化と生活，自然や物を使った遊び，動植物の飼育・栽培，生活や出来事の伝え合いといった，児童が具体的にかかわるもの，場所，ひと，社会，自然とのかかわりが示されています。

そしてその先に，「自分自身の生活や成長に関する内容」として，生活科２年間における自分の成長についてが示されています（図11-1）。

特に，2017年の改訂では「主体的・対話的で深い学び」の実現に向けた授業改善（アクティブ・ラーニングの視点に立った授業改善）の推進が求められています。

このように，領域「環境」で大切にされている，様々な環境との

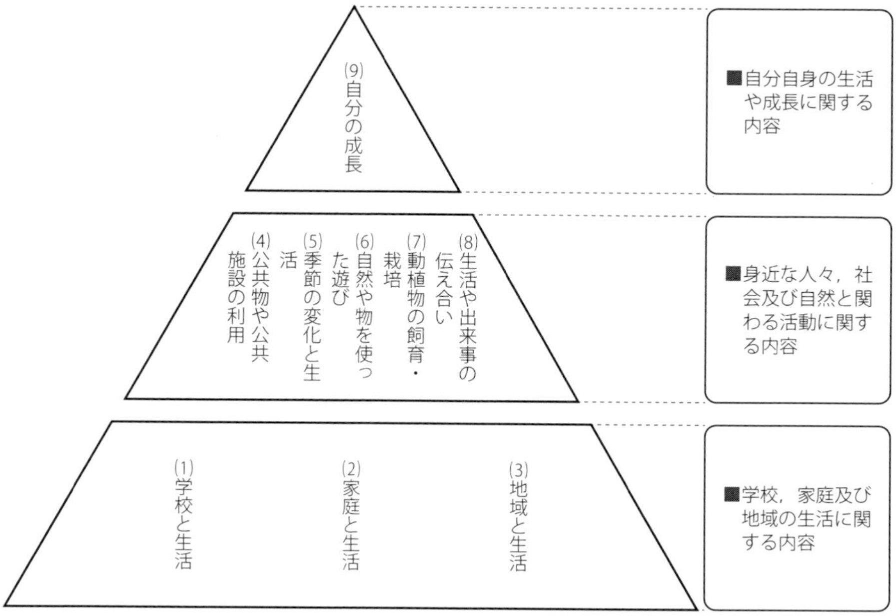

図11-1　小学校生活科　内容の階層性

出所：文部科学省「小学校学習指導要領（平成29年告示）解説（生活編）」2017年，p. 26をもとに作成。

触れ合いを通した子どもたちの活動の在り方が，生活科の教育内容と連続していることが見て取ることができます。

Work 1　園や小学校生活科で行った，栽培活動

あなたが園や小学校生活科で行った，栽培の内容を思い出し，ノートに書き出してみましょう。どのような野菜，花を育てましたか，また栽培にまつわる具体的なエピソードをあげてください。ノートに書き出したら，次にグループごとにその体験を紹介し合いましょう。

Work 2　園や小学校生活科で行った，まち歩き（おさんぽ），まち探検

あなたが園や小学校生活科で行った，まち歩き（おさんぽ），まち探検の内容を思い出し，ノートに書き出してみましょう。まちでどのようなもの，場所，ひと，社会，自然と出合いましたか。学校を中心にまち探検マップを描いてみましょう。次にグループごとにまち探検マップを紹介し合いましょう。

2 小学校教育への接続を意識した幼児教育・保育の展開の可能性

それでは，あらためて幼児教育・保育の中で，小学校教育への接続を意識しつつ，どのようなことができるのか考えてみましょう。具体的に，事例を通して考えてみます。

❶ 継続的な植物栽培

Episode 1　プランター野菜栽培の追肥（幼稚園，３歳児）

附属幼稚園の園児とのプランター野菜栽培に以前からかかわっていた保育者養成校の学生が，子どもたち数人と話をしていました。Ａ児が学生に「何しに来たの？」と聞き，学生が「お野菜が元気に育つお薬（肥料）あげようと思ってきたんだ！　みんなで一緒にやってみる？」と話すと，「うん！　やってみる」と，Ａ児を含めた子どもたち５人とともにプランターの方へ向かいました。学生は園児たちに向かって，「手に（肥料を）少しもって，パラパラとするんだよ」と話し，肥料を撒きました。「ほかのところにもやる」とＢ児が話すと，遊具の裏側にあるプランターへ移動しました。育つ野菜について，「もう大きいのもあるね。まだ大きくなるの？」と学生に聞き，学生は「大きくなるよ。お花みたいになるんだよ」と話しました。そして，「お薬（肥料）が終わったら手を洗おうね」と話し，子どもたちと手洗い場へ行き，手を洗いました。

このエピソードは，学生が子どもたちとプランター栽培の追肥を行っている場面です。野菜栽培においては，種まきや苗植え後，収穫までのあいだ定期的に（１か月１回程度）肥料を撒いて，栄養分を足して，実りある収穫につなげていくことが大切です。肥料は口にすることは望ましくなく，しかし野菜の成長を助けるものから，学生が肥料について「野菜が元気に育つお薬」と工夫して説明している様子が見て取れます。また一か所だけでなく，遊具裏側にあるプランターにも追肥をしに行く姿も見られ，子どもたちが日常の園生活の中で，栽培にかかわっていることが感じ取れます。継続的な栽培においては，栽培の場が日常的になりすぎて，子どもたちの関心が薄れてしまうことも考えられますが，このように保育者がかかわりながら，子どもたちの栽培への気持ちをつなげる機会も大事でしょう。

植物栽培は，土づくり，種まき・苗植えをはじめ，その後の水やり，草取り，間引きなどのお世話を経て，植物は大きく成長し，草花の花が咲き，野菜の実が成っていきます。栽培の期間は葉物野菜など短いもので1か月から6週間程度，稲作や玉ねぎなど長いものになると9か月程度かかるものもあります。このように植物栽培は，単発的なかかわりだけでなく，時間をかけて，たとえば野菜栽培では，種まきから日々のお世話，収穫，食体験まで，継続的なかかわりを行っていくことができる自然とのふれあい活動といえます。

多くの園では，園庭の畑や花壇，テラス，バルコニー等のプランターで，子どもたちと一緒に野菜や花を栽培しています。また，小学校でも同様に校庭やテラスに，学級園やプランターで栽培を行っています。園で行われている栽培活動の体験は，小学校の生活科での栽培活動へとつながっているのです。

❷ 幼保小連携での積極的な園庭・校庭の環境の活用

近年子どもたちの屋外活動の機会の少ないことが危惧されています。そうした中，園の園庭や小学校の校庭の環境，そしてそこでのあそび，学び活動の内容が，子どもたちの育ちや学びに大きな影響を与えるのではないでしょうか。また，幼児期の豊かな園庭での活動は，学童期の校庭での遊びや学びの活動の意欲や育ちにもつながっているのではないでしょうか。

ここでは，近隣の幼稚園，保育所，小学校等が協働で連携教育に関する研究（3年間）に取り組む「幼保小連携推進地区事業」を行うA市で，豊かな園庭・校庭環境を持ち，多様な屋外あそび・学び活動を実践し，幼保小連携において園庭・校庭の活用を実施している，B幼稚園・C保育園・D小学校の事例を紹介します。[10]

B幼稚園，C保育園の園長先生，D小学校の校長先生へのインタビューを行うと，一緒に園庭を活用した活動として，幼稚園園庭で園児・児童が一緒に遊び，その後つくった焼いもを食べたり，幼稚園園庭の飼育小屋に，保育園園児が餌を持って訪ねてくるようになったそうです。また，小学校児童がクラスで飼育している生き物をかごに入れ持ってきて，保育園園庭に置いて園児に見せてくれたそうです。

10　仙田考「幼保小連携園・校における園庭・校庭環境の活用と展望――幼保小連携実践事例から」日本生活科・総合的学習教育学会第26回全国大会（東京大会），2017年。

また，一緒に校庭を活用した活動としては，幼保の園児が小学校の運動会の練習を見学に行き，児童が園児に遊具の使い方を教えてもらいながら遊んだことがありました。また，小学校の運動場の芝生で遊んだことがきっかけで，保育園の園庭の一部を芝生化することにつながりました。小学校プールでのヤゴ救出作戦というものが行われた際には，園児がヤゴを見せてもらい，一緒に育てることにもつながりました。また，5年生が育てた鉢の花を，保育園の卒園・入園式に持って来てくれました。

Episode 2　園児・児童の園庭・校庭での交流活動

B幼稚園・C保育園・D小学校でともに連携し，園庭・校庭を活用する中で，豊かな園庭・校庭の環境や遊び・学び活動を行うことについて，それぞれの園長先生や校長先生からは次のような話がありました。

〈B幼稚園　園長先生〉

遊び切ることが，子どもの学びにつながっていくと信じています。成長は子どもそれぞれで，園でたくさん遊びきってきたので，小学校へ進んでも大丈夫と保護者にも伝えています。園庭での活動での学びが，校庭での様々な学びにつながると思います。園環境全体を通しての学びになっているのではないでしょうか。園庭で楽しく過ごして，身体をいっぱい使って遊ぶ楽しさを取り戻すきっかけになってもらえたらいいと思います。

〈C保育園　園長先生〉

園の年長の子どもたちが，学校ってこういうところだと学ぶ機会になっていると思います。運動会で練習する姿を見て，気持ちを一つにしていくことの大切さや，広い校庭の使われ方を学ぶ機会になります。交流を通して，年齢，学年差もあるので，安全面への配慮は大切ですが，小学生から教えてもらうことなど，心の通い合いがあったと思います。いまの子どもたちは実体験が不足しています。小さな頃から試行錯誤してみることや，動物や生き物を飼育する経験も大切です。生き物たちは世話をしないと生きていくことはできません。このことを小さい頃から知ることが大事だと思います。

〈D小学校　校長先生〉

幼保小連携の機会は，小学生から見た時，自分の将来を考えるヒントや，幼保の子どもたちとのかかわりの中で，豊かな時間になっていると思います。そのフィールドとして，校庭は小学生にとって魅力のある場所です。幼保の子どもたちとかかわることで，自分の成長を感じ取れるところだと思います。またこの機会は，小１プロブレムを未然に防止することにつながっていると思います。３年間連携事業を行い，あらためて大切さを実感しています。幼保小連携が目的ではなく，地域と様々にかかわることは本来自然なことであるのです。

子どもは体験でしか育ちません。校庭は子どもが最も豊かな自然体験を育てられる場です。学校として，豊かな体験が保障される校庭を作っていくことが，幼保の子どもたちとの交流の場につながります。職員の意識改革にもつながったと思います。

このような話から，園・学校の子どもたちが，園庭や校庭で積極的に交流する中で，互いに学び，つながり合う姿が見られました。また，園・学校の子どもたちが，園庭や校庭の昆虫，魚，動物などの生き物や，芝生，花，いもなどの自然とかかわる活動は，子どもたちの自然や環境への興味関心の育みにつながっていることがわかります。そして，園・学校の子どもたちが，豊かなあそび・自然活動を実践できるような多様な園庭・校庭の環境があることが，教職員にとっても園庭や校庭を活用する交流活動への前向きな評価へとつながっていると考えられます。

❸ まち歩き（おさんぽ）を通した，まちとの出合い

Episode 3　公園へのおさんぽ（保育園，２歳児）

ある保育園の２歳児のおさんぽ。朝一の室内での遊びを終え，２歳児の子どもたちが，近くの公園へおさんぽに出ました。公園に着くまでの道のりでは，商店街の方々へ手を振って挨拶をしていました。到着した公園では，ブランコなど固定遊具で遊ぶ子どもや，どんぐりを拾ったり，枯れ葉を踏んで遊んだり，枝を拾って掃除ごっこを始めたり，様々な遊びを行っていました。中には，保育士に「追いかけて」と頼み，鬼ごっこをはじめる様子も見られました。園への帰り道では，「あ，この蝶の名前知ってる！」と，虫（生き物）に興味をもつ子どもたちの様子も見られました。

このエピソードは，園の子どもたちが，おさんぽに出かけた時の場面です。近くの公園と園との往復の中で，商店街の人との交流や道端で虫との偶然の出合いの姿が見られます。到着した公園でも，遊具で遊んだり，見つけた葉や枝，木の実とかかわってみたりして，様々な遊びが生まれています。このように，なにげない，日々のおさんぽや公園での遊びにおいても，子どもたちはまちの中にある様々な環境（もの，場所，ひと，社会，自然）と出合い，何かに気付き，感じ，興味関心をもち，交流し，楽しさやふしぎさを通して，いろいろなことを学んでいくのです。

本章のはじめでも説明しましたが，多くの保育所，認定こども園

などでは，まち歩き（おさんぽ）の機会が多いでしょう。幼稚園でも園外保育の機会を積極的に設けている園もあります。小学校の生活科では，まち探検の単元で，まちの中を歩いて，まちの施設や自然を調べてみたり，まちの人たちに会って話を聞いてみたりして，まちについて知る授業を行っている学校が多くあります。また園でも小学校でも，おさんぽ・まち歩き情報をもとに，ここではこんな発見があったよ，○○さんが挨拶してくれたよなど，みんなが思わずまちを歩いて見たくなる，おさんぽマップやまち探検マップを作成する活動も生まれていることもあります。まちには，子どもたちが，まちの中でしか出合うことができない，まちの環境があります。園や学校の子どもたちにとって，まちも園庭・校庭なのです。

以上のように，本章では，実際の幼保小連携の事例をもとに，領域「環境」と小学校教育のつながりについて，子どもたちの屋外のあそび・学びの場である園庭・校庭での活動から見てきました。

園・学校ともに，子どもたちが触れたい，遊びたい，学びたいと感じる環境（園庭・校庭）の場を設定・整備する，その環境づくりが大切と考えられます。園での環境とのかかわりの姿は，小学校での環境とのかかわりへとつながり，さらに広がっていくのです。

保育者を目指すみなさんが，子どもたちの卒園後の姿を意識しながら，いま園の保育で，どのような体験や環境が大切なのか，この先も考えてほしいと思います。

Book Guide

・咲間まり子・増田まゆみ（編著）『保育者のための「生活」——生活科の学びを就学前の保育に生かす』大学図書出版，2015年。
保育者養成校の教員が，保育者を目指す学生向けに，就学前施設と小学校の現状，幼保小における交流の実際，生活科教育についてまとめたテキストです。幼保小連携や生活科について，より深く学びたい方におすすめです。

・三輪律江・尾木まり（編著）『まち保育のススメ——おさんぽ・多世代交流・地域交流・防災・まちづくり』萌文社，2017年。
おさんぽとは，公園などの目的の場所に向かうだけの通行に留まらない，「まちを歩く」ことが主役であり，「まち歩き」こそが子どもたちにとって，様々な発見や出合い，学びの場であることが再認識できる本です。地域の環境や社会とつながることで，子どもがまちで育つことの大切さを学ぶことができます。おすすめです。

Exercise

1. 本章の学びを踏まえ，「幼保小連携」の意義をグループで説明し合ってみましょう。
2. あなたの学校（大学・短大・専門学校等）の周囲のまちを調べてみましょう。地図やネットだけでなく，実際のまち歩きを通して，保育所，幼稚園，認定こども園，小学校，公園，図書館，商店街など，子どもたちが出合う様々な環境（もの，場所，ひと，社会，自然など）を見つけてみましょう。それをまとめて，見て楽しい，街を歩きたくなるような，「まち探検マップ」を作成してみましょう。

第 12 章

環境における現代的課題と保育

子どもたちが育つという当たり前の毎日は，いったい何の上に成り立っているのでしょうか？

この章の問いは，ちょっと難しいなとか，つかみどころがないなと感じられたかもしれませんね。多くの人は，保育所や幼稚園やこども園に行けば幼い人たちがいて，そこで私は保育をするのだ，ということは当たり前だと思われているかもしれません。でも，実は当たり前ではないのです。極端な例かもしれませんが，世界中を見渡してみれば，今この時も自然災害や戦乱や貧困や疫病などの原因で保育や幼児教育というシステムが成り立たないところはあちらこちらにあるのです。それは私に関係のない遠い話だと思われるかもしれません。少し前まではそんなふうに考える人が多かったかもしれませんが，今は違います。気候変動をはじめとした地球規模の環境問題が，私たちの当たり前をひっくり返してしまう可能性が年々高まり続けています。保育の実践において細やかな環境を考え工夫することはもちろん大切ですが，保育が成り立っている大きな環境を考え行動することも大切な時代になっています。子どもたちにとって製作の格好の素材となるからという理由だけで，たくさんのポリ袋を短い期間使ったら捨てるという営みは，地球規模の環境問題を解決しなければならない時代の保育としては非常に無責任な保育といえます。保育実践における環境を考える際には，私たちが生き続けてゆく環境を考えることとセットになると考えていいと思います。おそらく，この傾向は今後ますます強まるでしょう。この章で取り扱う内容が保育関係の教科書に入ってくるのは，みなさんの世代が初めてになるのではないでしょうか。21世紀後半を生きる人の幼い頃を共にする人として，保育における環境と持続可能な地球環境がつながるように，いくつかの問いをくぐり抜けながら考えてみましょう。

2020年，COVID-19（新型コロナウィルス感染症）は私たちヒトの社会に大きな影響をもたらしました。この原稿を書いている今が2020年10月ですが，いまだに世界中に大きな影響を与えています。未知のウィルスであったことや尊い人命が失われることは私たちの感情を大きく揺さぶりましたので，当初COVID-19は環境や保育と関連付けて語られるよりも，政治・医療・衛生・防疫，そして経済などの観点で語られることが多かったように思います。しかし，実はCOVID-19こそが，環境や保育の現代的な課題を考えるにあたって，とてもわかりやすい入口だと私は考えています。

1　安心して続いてゆく毎日があってこそ

今回，COVID-19の世界的な大流行は，私たちヒト社会のいたるところに大きな変化をもたらしました。その中でも，私たちにとって大きな衝撃だったのは，国境や都市を越えての人の行き来が大きく制限されたり，経済活動が大きく制限されたことでした。なぜ衝撃的だったのかというと，それは，国境や都市を越えて人が活発に行き来し，そのことによって経済活動が活発になることで私たちヒトは豊かに生きてゆけるということが，現代のヒト社会では当たり前のことになっていたからです。その当たり前が崩れたことは，私たちに多くの不安をもたらしました。一方で，ヒトの経済活動について，世界中の人々が同時に立ち止まって考えることができるきっかけを得ました。それは，私たちが日々当たり前のように進めていた経済活動が，いったいどのようにして成り立っているのかという，とても基本的なことだけれど，基本すぎて普段は考えないで通り過ぎていたことを考えるきっかけでした。

ここで突然ですが，私たちの日常を表している文をいくつか並べてみます。

1. お気に入りのショップに服を見に行く
2. ケーキを食べにカフェに行く
3. 映画を観に映画館に行く

4. 怪我をして病院に行って診察を受ける
5. 隣町に住む祖母に会い行くためにバスに乗る
6. 保育所に子どもを預ける
7. 木の花が咲きミツバチが蜜を吸いに訪れる
8. 台風がやって来て河川敷が水に浸かる
9. 高い山に雪が積もる

経済活動の成り立ちはもちろんですが，これらの私たちの身のまわりで，日々当たり前のように起きていたこと，特に整理して考えなかったことを，今回のCOVID-19の世界的な大流行は，立ち止まって考えるきっかけを与えてくれたように思うのです。

例えば，親しい人といっしょにお気に入りのショップに服を見に出かけ，その後ケーキを食べにカフェに行ったりすること，そのような経済活動はいつも無条件にできるわけではなかったのだということに，私たちは気付いたのです。当たり前のことかもしれませんが，私たちヒトという生き物は，自分の生命を賭けてまで服を買いに出かけたり，ケーキを食べに出かけることはないのです。私たちは自分の生命が安心して続いてゆくことが守られる上で，ショッピングしたり飲食したりすることを楽しんでいたのです。

え？　当たり前？　そう当たり前のことです。それは，ヒトという生き物の長い歴史の中で作られてきたことですから，あなたがこの世界に生まれてきて物心がつくようになった頃には，もう当たり前のこととしてあったと思うのです。ですから，きっとあなたは，ショッピングやカフェに出かけるような楽しみを，わざわざ，それは何の上に成り立っているのだろうか？　などと，整理して考え直すようなことはなかったでしょう。それが自然だと思います。そしてそれは，実はあなただけでなく，私を含め今を生きる多くの人がそうだったと思うのです。自分たちの生命が安心して続いてゆくことがあまりにもうまく守られている仕組みを作り上げてきた私たち現代人にとって，ショッピングやカフェや映画館に出かけて楽しむことは当たり前であり，そのような仕組みが世界中でどんどん大きくなっていたのです。ところが，今回のCOVID-19の世界的な大流行によって，そんな楽しみの仕組みが世界中で止まったり，減ったりすることが起こりました。友だちと気軽にショッピングやカフェに出かけられなくなった時，あなたはどんな気持ちでしたか？

生きる豊かさが減ったような感じがしませんでしたか？　私は，やっぱりなんだか寂しい感じや物足りない感じがして，気分がスッキリしているとは言えない状態でした。程度に差はあっても，そのように感じた人は多かったのではないかと思います。では，なぜ私たちは，そんな生きる上での楽しみを我慢したのでしょう？　そう，それはきっと「生命が安心して続いてゆくこと」を優先して考えたからに違いありません。私たちヒトがつくりあげてきたのは，何も大型商業施設や娯楽施設だけではありません。病院や高齢者の介護施設，学校や保育所や交通機関，上下水道網などもつくりあげてきたのです。病院のお世話になりたいのは，COVID-19で苦しんでいる方だけではありません。私たちは誰もが弱い存在です。日常生活の中で怪我をする可能性は誰にだってあります。COVID-19で苦しむ人の数が増えれば増えるほど，病院はいつも通りの診療を行うことができなくなります。私やまわりの大切な人が怪我をした時に，ちゃんと診てもらえる病院があってほしい。そのためには，ショッピングやカフェや映画館に出かけて楽しむことは控えよう。そのような考えが，あなたの中で起きてはいなかったでしょうか。もしそうだったとしたら，それは「生きることを楽しむこと」は，「生命が安心して続いてゆくこと」の上に成り立っているのだということを，あなたが改めて感じたり，考えたりしたのだと思うのです。生まれてきてからそのようなことを考える間もなく，生きることを楽しんできたことが間違いだとは私は思いません。今回のCOVID-19の世界的な大流行によって，世界中の多くの人が同時期に考えたことが大切だと思います。

2　ヒト社会が安心して続いてゆくためには

ここで，先ほどの，私たちの日常を表している文をもう一度見てみましょう。1～6については，今考えたようなことです。7～9はどうでしょう？　あなたとの関係はどうでしょうか？　木が花を咲かせたり，ミツバチが活動していたり，台風がやって来たり，川の水位が上がったり，高い山に雪が積もることは，私とどのような関係があるのでしょうか？　それは自然のこと？　たしかに，大型のショッピングモールにショッピングに出かけ，ケーキを食べたりするような楽しみに比べると，ちょっと遠いことのように感じられるかもしれません。しかし，今回せっかくCOVID-19の影響で先ほどのところまで考えることができたわけですから，その続きで考えてみましょう。「生きることを楽しむこと」は，「ヒトの生命が安心して続いてゆくこと」の上に成り立っているのだとしたら，「ヒトの生命が安心して続いてゆくこと」はどのようなことの上に成り立っているのか考えてみましょう。ここで大切なことは，ヒトと自然とを分けて考えることから自由になって広い視野で考えることです。私たちヒトも動物も植物も昆虫も微生物も，今生きている生命は地球の歴史をさかのぼれば，原始の地球では，最初の一つの生命から始まっている可能性に気付きます。また，普段は生命とみなしていないような，石や水のようなものも私たちヒトも地球の一部なのだという事実にも気付くでしょう。水や酸素がなく他の生命もおらず宇宙放射線が降り注ぐ宇宙空間で，「ヒトの生命が安心して続いてゆくこと」はあり得ません。私たちヒトという生命が続いてゆくためには，ヒト以外の多種多様な生命や物質や現象が必要です。例えば，私たちヒトは太陽のエネルギーを直接取り入れて生きていくことはできません。太陽のエネルギーを取り入れて生きている植物が生きているからこそ，私たちヒトも生きてゆけるのです。たとえ，その植物を直接食べられなかったとしても，その植物を食べて生きる動物の乳や卵や肉を食べることで，私たちは間接的にその植物に頼り，また間接的に太陽のエネルギーに頼り生きているといえます。また，直接その植物の果実を食べることができるのだとしても，その植物が昆虫に助けられて受粉しなければ，私たちは果実にありつくことはできません。そしてまた，その植物が生きるには，地中に生きる多様な微生物が地中に存在する様々な物質を植物の根へと送り届けてくれることが必要です。私たちがお気に入りのブランドの新作の服や新作の映画のことを考えている時も，木が花を咲かせたり，チョウやハチが活動していたりするからこそ，私たちヒトの生命が続いているのです。台風がやって来ることなど不都合極まりないと思うかもしれませんが，川が氾濫しその場所に生きていた生命のつながりが一時的に壊されることで，そこにまた新たな生命が芽吹き，より多様で豊かなつながりが生まれています。高い山に雪が積もり，ゆっくり溶けて流れ，地中に沁み濾過され湧き出し

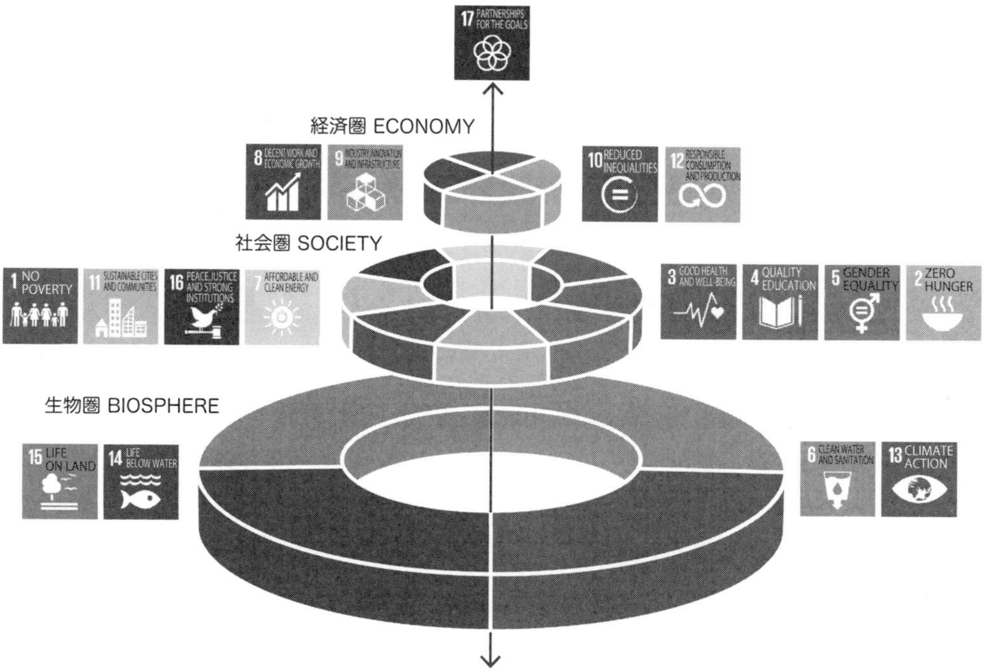

図12-1　SDGs ウェディングケーキモデル

出所：Azote for Stockholm Resilience Centre, Stockholm University, https://www.stockholmresilience.org/research/research-news/2016-06-14-how-food-connects-all-the-sdgs.html をもとに筆者作成。

てくるからこそ，私たちはカフェで飲み物を楽しむことができているのです。「ヒトの生命が安心して続いてゆくこと」は，「多種多様な生命や物質や現象が在り続けること」の上に成り立っているといえるのです。図12-1を見てください。私たち現代のヒトの営みがどのようにして成り立ち，続いているのかを考える手助けになるでしょう。3段のケーキのように見える図です。ケーキの最上段（1段目）は「経済圏」の段です。2段目は「社会圏」の段です。最下段（3段目）は「生物圏」の段です。先ほどの私たちの日常を表している9つの文は，この図のどこに当てはまるでしょうか。それを例示したものが図12-2です。

私たちヒトは，この地球上で幾度も大きな環境の変化にさらされながら，そのいのちのバトンを250万年にわたってつないできました。その歴史の最先端を生きる私たちが当たり前だと思っている現代のヒトの営みは，実はとても複雑に成り立っています。それはこの地球上の他の多種多様な生命の営みを理解しているからといって理解できるとは限らないほどに独特な仕組みだといえます。ですから，図12-1で全てが説明できるわけではありません。しかし，今

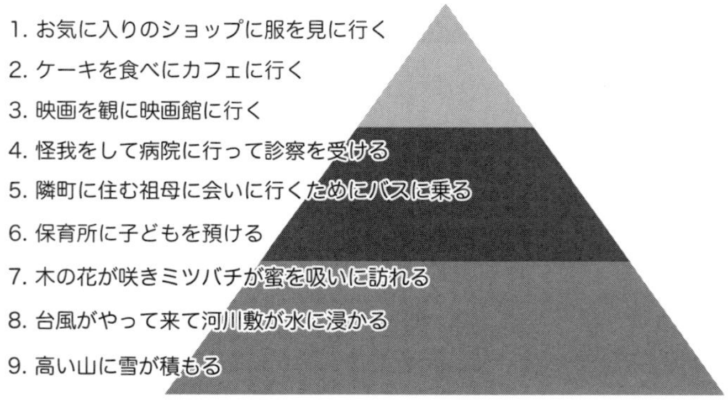

1. お気に入りのショップに服を見に行く
2. ケーキを食べにカフェに行く
3. 映画を観に映画館に行く
4. 怪我をして病院に行って診察を受ける
5. 隣町に住む祖母に会いに行くためにバスに乗る
6. 保育所に子どもを預ける
7. 木の花が咲きミツバチが蜜を吸いに訪れる
8. 台風がやって来て河川敷が水に浸かる
9. 高い山に雪が積もる

図12-2　日常の整理

出所：筆者作成。

回のCOVID-19に際し，私たちヒトが日々当たり前のように楽しみ協力し合い生きていることは，どのようにして成り立っているのかを考えるには役に立つと思います。

私たちの日常では，先ほどの９つの文が示すようなことが，同時に起きています。私たちは，それをわざわざ意識して整理して考えることはしません。しかし，今回COVID-19によって，多くの人が，カフェにケーキを食べに行くこと，医療を行うこと，保育を行うこと，を整理して考えたのではないかと思います。私たちは，ただただ無条件にカフェにケーキを食べに行けるわけではないのだ。医療が崩壊する状況でそれはないのだ。しかし，医療もまた医療だけで成り立つような単純な仕組みではないのだ。医療者がその職務にあたるには，幼いわが子を保育してもらう必要があるのだ。一時的に店を閉めることを余儀なくされるカフェの関係者の人生を想像し支えよう。不安が大きくともその職務にあたる医療者の人生を想像し支えよう。休みたくとも休めない職務にあたる保育者の人生を想像し支えよう。ここまでのこと（図12-１の最上段と２段目の関係性）は，マスメディアやネットニュースでも大きく報道されたことですから，多くの人が，改めて私たち現代のヒト社会の成り立ちについて考えたと思うのです。そして，数は少なかったですが，２段目と３段目の関係性についての報道もありました。私たちヒトの経済活動が世界規模で活発になった現在，これ以上生態系の破壊（野生動物の乱獲や土壌の掘削）を進めることで，今後さらに新たなウィルスによる感染症の世界的流行を招く可能性が高まるというものです。それは生物圏（３段目）の基盤を大切にしなければ，社会圏（２段目）の基盤が今よりもゆらぐ恐れがあり，そうなれば経済圏

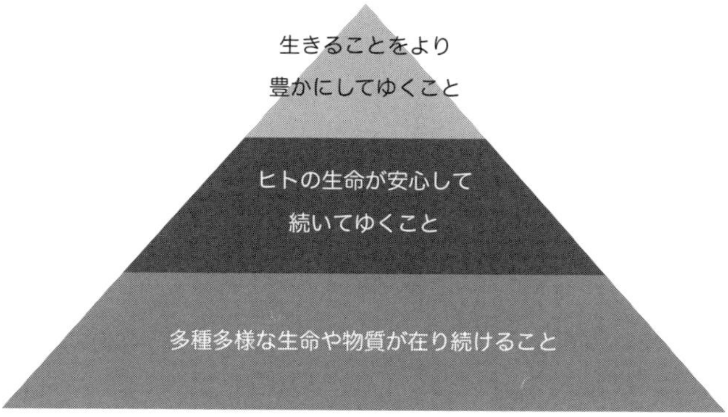

図12-3　ヒト社会と地球環境の関係

出所：筆者作成。

（1段目）どころではないという，改めての気付きや警鐘だったと思います。それは，逆説的にいえば，これから1段目や2段目のことを進めるにあたっては，3段目との関係性を考えながら進めようよということでもあります。ここで保育に特化していえば，これからの保育のことを進めるにあたっては，生物圏との関係性を考えながら進めようよといえるのではないかと思います（図12-3）。

3 このままではヒト社会が続いてゆくことは難しい

❶ グレート・アクセラレーション，そして人新世という時代へ

では，今回のCOVID-19によって，急に生物圏との関係性や地球規模の環境問題のことを考えようよと言われているのかというと，決してそういうわけではありません。ヒトの活動が活発になったことで様々な問題が起き，「ヒトの生命が安心して続いてゆくこと」が難しくなっているというメッセージは，20世紀の終盤から広く世界規模で言われるようになりました。これはヒトの歴史の中で，初めて直面することだと考えてよいでしょう。図12-4を見てください。これは「グレート・アクセラレーション（人類活動の大いなる加速）」と呼ばれる，私たちヒトの活動の影響が1950年以降，急激に活発化していることを表しているグラフです。もちろん農耕が始

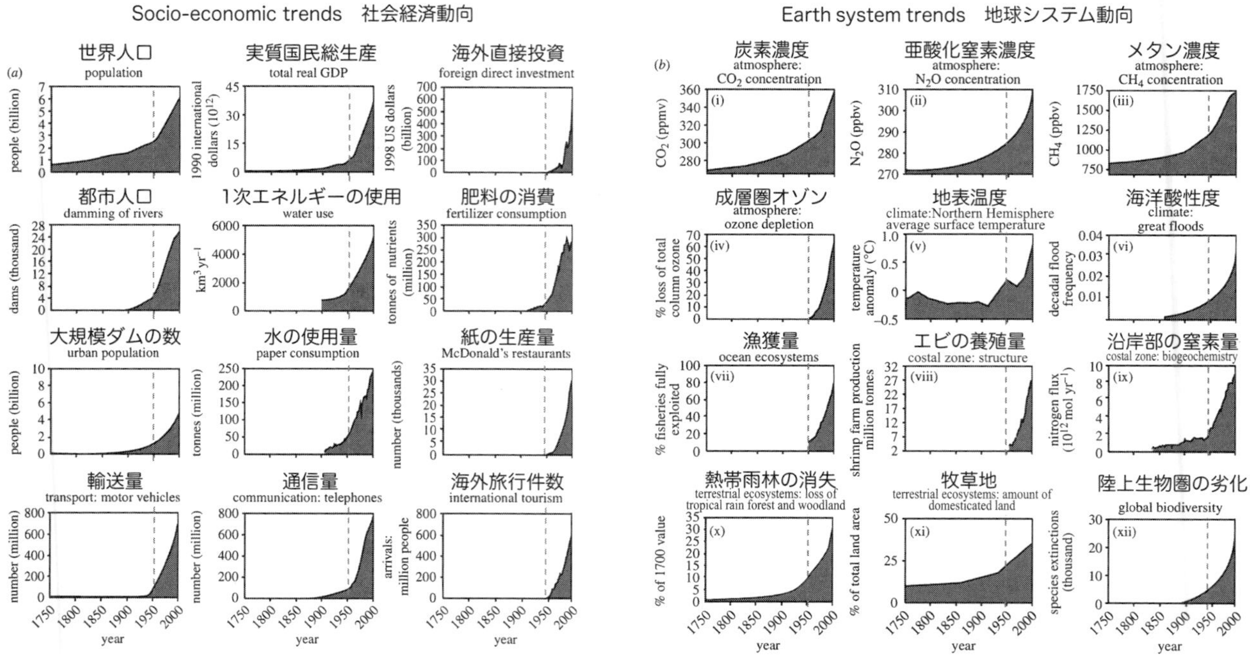

図12-4　グレート・アクセラレーション

出所：Steffen, W., et al.（2015）. The trajectory of the Anthropocene：The Great Acceleration. *Review Article.* をもとに筆者作者。

まった頃からヒトの活動は自然生態系に影響を与えてきましたが，この半世紀の間に，私たちヒトの活動は大きく加速し，地球環境を変化させる大きな要因となりました。今やヒトの活動の影響が，はるか昔の地球規模での火山活動の影響や，隕石の衝突の影響のように，地球全体の地層に刻まれる規模になっているといわれ，「人新世（じんしんせい・ひとしんせい）」と呼ばれる地質時代に入っているのではないかとさえいわれています。せっかくですから，ここで少しだけ地質時代区分とヒトの歴史についておさえておきましょう。

❷ 定員オーバーという現実（環境収容力）

地球の46億年の歴史の中で，258万年前～1万年前の期間は，地質時代区分では「更新世」と呼ばれ，氷期と間氷期が繰り返し訪れる寒冷な時代でした。私たちヒト（ホモ・サピエンス）の歴史は，その更新世の終盤，今から約20万年ほど前に始まります。その20万年の間，この地球が温暖であったのは，13～12万年前頃と1万年～現在くらいで，ヒトの歴史の多くの時間は寒冷な環境を生き抜いてきたと考えられています。そんな，ヒトの歴史の始まりの頃，今から約20万年前の地球人口は5,000人ほどであったと推定されています[1]。その頃のヒトは自然生態系の一部として，移動しながら狩猟採集をして暮らしていたと考えられます。氷期と呼ばれる寒冷な気候が繰り返し訪れたことは，狩猟採集に頼る私たち祖先にとって「生命が安心して続いてゆくこと」の最も大きな危機だったでしょう。そして今から約１万年前，その寒冷期が収まり始め，地球は温暖な環境になってゆきます。この約１万年前からの時代を「完新世」と呼びます。これは，ヒトという生命にとって，それまでと比べ奇跡的に楽園のような環境が現れた時代でした。森林や草原や河川やサンゴ礁，そこに生きる多種多様な菌や昆虫や植物や動物，美しく澄んだ水，肥えた土壌……。その豊かな環境で，地球に暮らすヒトの数は，順調に増えてゆきます。西暦元年には３億人，1500年には５億人，先ほどのグレート・アクセラレーションの基準となる1950年には25億人，1987年には50億人，2011年には70億人……。２億人が70億人に！　この爆発的な人口増加はまさに奇跡だといえます。身近な環境に置き換えて考えてみてください。畳６畳分ほどの広さの庭に２羽いたニワトリが70羽に増えると，どのような変化や問題が起きるでしょうか？　またそのようなことは可能なのでしょうか？ある環境において，そこに継続的に存在できる生物の最大量のことを，生物学や生態学では「環境収容力（Carrying Capacity）」といいます。では，地球という環境における，ヒトが継続的に存在できる最大人口はどれくらいなのでしょう。人口密度で表すと1.4人／km^2くらいだといわれています。ちなみに，縄文時代中期の関東地方で2.98人／km^2だったといわれています[2]。地球の陸地の総面積約１億5,000万km^2を70億人の人口で割ると，地球の人口密度は46.6人／km^2となります。自然生態系の生産力のみでヒトを養うことを考えると，現在の人口は環境収容力を40倍ほどオーバーしている状態だといえます。では，なぜそんな定員オーバーの状態が実現できたのでしょうか？　実は私たちヒトは，その人口がまだまだ増えても大丈夫なのではないでしょうか？

➡1　大塚柳太郎『ヒトはこうして増えてきた――20万年の人口変遷史』新潮社，2015年，pp. 10-13。

➡2　環境庁「平成７年版環境白書」1995年。
小山修三『縄文時代――コンピュータ考古学による復元』中央公論社，1984年，p. 31。

❸ 定員オーバーという現実（エコロジカル・フットプリント）

先ほど，私たち現代人が当たり前のように思っている仕組みは，この地球上の他の多種多様な生命の営みを理解しているからといって理解できるとは限らないほどに独特な仕組みだといいました。私たちヒトという生き物は，他の生き物とは異なり，自然生態系の環境収容力を超えて自らその定員を拡大し続けてきた生き物なのです。自然生態系が与えてくれる食料や水やその他の資源の量を超えて，それらを生産することに成功してしまったのです。生産力アップの鍵は何だったのでしょうか。これは石油に代表される化石エネルギーを手に入れ，使うことができるようになったことが大きいでしょう。これによって，ヒトは大型のトラクターで耕運することが可能となり，自然生態系からいただいていた時の何百倍もの食料を，同じ面積から得ることができるようになりました。また，その食料や水を船や飛行機を使って地球の裏側まで輸送することで，豊かな森林やサンゴ礁が身のまわりになくても，多くの人が生きてゆくことができるようになりました。ヒト以外に，このような生き物は地球上にはいません。それはヒトの素晴らしい能力だといえるでしょう。しかし，その素晴らしい能力は，自然生態系の原理原則を超えてしまったがために，地球の地質時代区分に影響を与えるほどのダメージを地球に与えることとなってしまいました。このダメージについて考える時には「エコロジカル・フットプリント（Ecological Footprint）」という概念が参考になります。これは，先ほどの「環境収容力」と関連があり，私たちヒトの活動が環境に与えている負荷を表す指標です。「地球に生きるヒト全員が，今の日本の平均的な暮らしをすると，資源の消費とCO_2排出をまかなっていくためには，約地球2.9個以上の生物生産力が必要とされる」というような言い方は，エコロジカル・フットプリントの考え方がベースとなっています。

さて，このあたりで一度まとめておきましょう。私たちヒトは，完新世という温暖な時代がやって来たおかげで，これほどまでに栄えることができました。それは違う言い方で言えば，完新世の環境に適した生き物がヒトであるということです。完新世以前のような過酷な環境の地球では，ヒトという生き物は今のように豊かに生きてゆくことができないともいえます。そして，その完新世というヒトにとって穏やかな環境の下で，ヒトはその能力を最大限に発揮し，自然生態系の環境収容力を超えた人口が生きてゆくことを可能にしました。そして，皮肉なことに，環境収容力を超えた数のヒトが，この地球上で豊かに生きようとすることで，生きるために最も大切な基盤である地球に大きなダメージを与えることになり，完新世という時代は終わりを迎えるかもしれない状況になっているのです。

❹ 地球の限界から目をそむけずに

では，完新世が終わり，人新世を迎えるような状況というのはどういう状況なのでしょうか？　これを考える時に参考になる視点としては「プラネタリー・バウンダリー（地球の限界）」という概念があります。これは，安定した地球で人類が安全に活動できる範囲を，国際的な科学者グループが提唱し議論や検討を重ねているものです。これによれば，「生物多様性の喪失（絶滅の速度）」「窒素・リンによる汚染」は限界値を超えて危険域に入っていることが確認されています（図12-5）。「土地利用変化」「気候変動」なども悪化していて限界値へと向かっていることが確認されています。今の地球で見られる様々な機能は，限界値を超えて回復力を失ってしまうと，これまでの状態には戻れずに，別の状態に移行し落ち着こうとしてしまうということを，この科学者グループは提唱し警鐘を鳴らしています。重要なのは，地球上の自然資源には限りがあるという理解だけでは足りないということです。自然資源を利用することが過剰になってしまうと，地球の環境自体が別の状態になってしまうということを理解する必要があるのです。そして，これらプラネタリー・バウンダリーにかかわる変化もまたこの50年で急激に起きていて，私たちヒトを取り巻く状況や局面が急激に変わってきているということです。しかし，現在の地球環境は別の状態に移行するかどうかの瀬戸際の局面ですから，私たちはまだ完新世の穏やかで安定した豊かな環境で繁栄してゆけるイメージを捨てきれずにいます。それは，まだ地球上の資源はどこかにあって，それをもとに生産を伸ばし，世界中へ効率よく配り続けることができるのではないかというイメージです。目の前の子どもたちがよりよく一日を過ごせるように配慮し寄り添う日々を過ごし，週末にはショッピングに出かけ好きな服を買い，映画を観て，ケーキを食べる。そんな保育者である私の人生が，子どもや孫の代まで続いてゆくようなイメージです。しかし，とても残念で受け容れ難いことですが，それは幻想である可能性が年々高まっているというのが冷静な分析です。私は，この

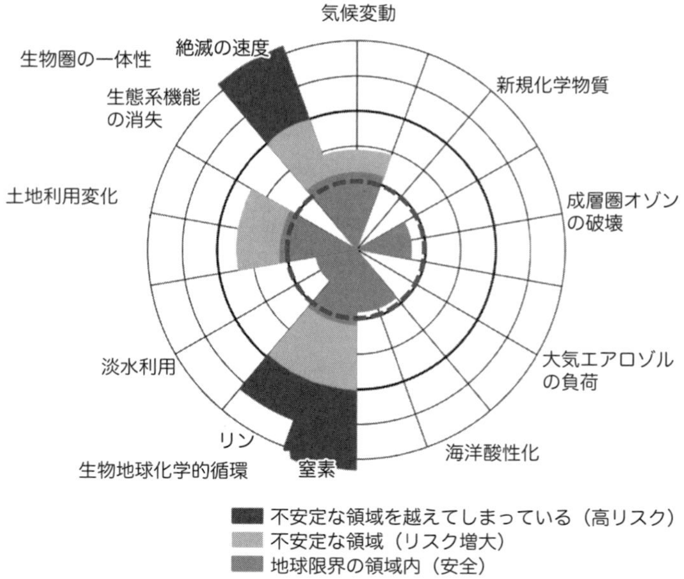

図12-5　プラネタリー・バウンダリー（地球の限界）

出所：環境省「平成29年版環境・循環型社会白書・生物多様性白書（概要）」2017年，p. 5. をもとに作成。

受け容れ難い現状こそが21世紀中盤〜後半に向けた保育や教育を考える際のベースになってゆくだろうと考えています。

4　資本主義が生み出した問題，そしてSDGsへ

その際に避けて通れないのは，私たちが築き上げてきた資本主義という社会の仕組みの問題です。私たちヒトもまた自然生態系の一部ですから，自然を資源として生きてゆくことは当然のことです。しかし，資本主義という仕組みは，自然を資源としてみなすことに偏りすぎたかもしれないと振り返ることができます。図12-6を見てください。これは今の私たちが当たり前のように受け容れている社会の仕組みを表した図です。現代の社会では，自然を資源としてみなすというのは，狩猟採集をして食べるとか，木を伐採して小屋を建てるということではありません。現代の社会の自然を資源としてみなすということは，その資源を元手として生産をするということです。これは産業革命と呼ばれ，18世紀後半頃から盛んになりました。生産されたものは消費されます。そして消費されることで廃

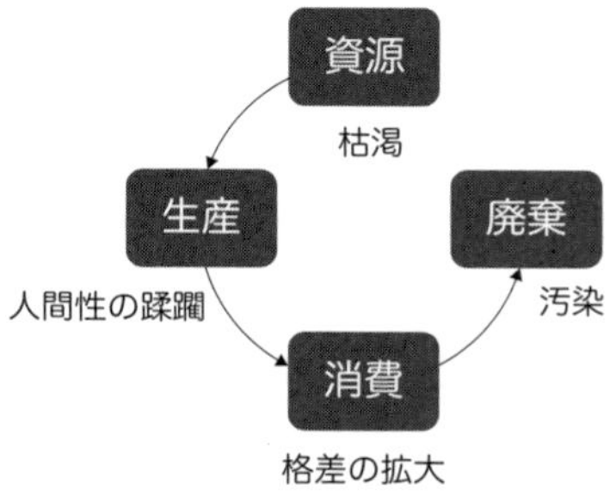

図12-6　資本主義システムとその問題

出所：筆者作成。

棄物が生じます。自然を資源として，生産し，消費し，廃棄するという一方通行の営みは，際限なく繰り広げられてきました。その結果，資源・生産・消費・廃棄という全ての段階において，資源の枯渇・作業の効率化などにおける人間性の蹂躙・格差の拡大・汚染の進行といった大きな問題を生み出すにことになりました。資本主義という現代社会の礎となっている仕組みは，私たちの暮らしに物的な豊かさをもたらすと同時に，これら現代のヒト社会の問題を多く生み出したともいえます。先ほどのプラネタリー・バウンダリーは，地球環境の問題だと思われたかもしれませんが，実はヒト社会の貧困や格差やジェンダーの問題ともつながっているのです。それは，地球の供給する自然資源を大幅に上回っても，限界を感じることなく生産・消費・廃棄し続ける仕組みが生み出したという点でつながっていると理解できます。

これまで生産・消費・廃棄し続けることで生み出してきた問題を解決して，ずっとヒト社会が続いてゆくことができるようにしましょうよ。そんな持続可能な社会の実現に向けた潮流は，1972年の国連人間環境会議（ストックホルム会議）から少しずつ大きくなってきました。そして，2015年には2030年を期限とする「持続可能な開発目標（Sustainable Development Goals）」が書かれた国連文書が採択されました。これはその頭文字と複数形のＳをとって「SDGs（エス・ディー・ジー・ズ）」という略称で呼ばれています（図12-7）。SDGsは，全人類が一致団結して地球の未来に向かう共通の目標という点において画期的だといわれています。私たちヒトは資本主義という仕組みも含め，ヒトの社会を変えてゆくことで，なんとか今の難しい状況を超えてゆこうとしているといえます。

図12-7　SDGs ポスター（17のアイコン　日本語版）

➡出所：国際連合広報センター，https://www.unic.or.jp/activities/economic_social_development/sustainable_development/2030agenda/sdgs_logo_。

5　カギとなるノンヒューマンへのまなざし

　では，そのような変容の時代の保育や幼児期の教育とは，どのようなものでしょうか？　これからの保育や教育の在り方については，SDGs で取り上げられている貧困や格差やジェンダーなどヒトの社会における視点も含め，これまた広くそして掘り下げて考える必要があります。ここではとてもこれら全てを扱うことはできません。ですので，最もベースとなる地球規模の環境問題とのかかわりから，重要になってくると思われることに絞り込んで，考えてみたいと思います。ここで大切になってくるのが，はじめの９つの文のように，私たちの身のまわりのことを整理して考えることなのです。ですから，私ははじめに，COVID-19こそが環境や保育の現代的な課題を考えるにあたって，とてもわかりやすい入口だとお伝えしたのです。そして，私たちの身のまわりのことを整理するために，SDGs のウエディングケーキモデル（図12-1）を用いて考えました。「私たちヒトがよりよく生きる」ためには，「ヒトの生命が安心して続いていく」基盤が成り立っていること，そしてその基盤が成り立つためには，「多種多様な生命や物質や現象が在り続けること」。これが要点でした。そして，これからのヒトの経済活動や社会活動を進めるにあたっては，生物圏との関係性を考えながら進めようよということも要点でした。「多種多様な生命や物質や現象が在り続けること」「生物圏との関係性」，ここにこれからの時代に大切なことが込められています。一つは多種多様な生命や物質や現象という，この地球上に存在するヒト以外のもの（ノンヒューマン）をどう理解するかということです。もう一つはそれらノンヒューマンが在り続けるということにこれまで以上の価値を見出せるかということです。ヒト以外のものをこれまでと同じようにしか理解できず，それが在り続けることにこれまでのような価値しか見出せないのであれば，おそらく「多種多様な生命や物質や現象が在り続けること」は難しいでしょう。それは科学的にいうと，プラネタリー・バウンダリーは多くの分野で限界値を超え，私たちヒトは有史以来経験したことのない生存の危機に直面する可能性が高くなるということです。ですから，私たちは，ノンヒューマンをこれまでとは異なるように理解し，ノンヒューマンが在り続けることにこれまで以上の価値を見出すように変わる必要があります。

先ほどのSDGsは，持続可能な社会を実現するための人類共通の目標でした。持続可能な社会を実現するためには，目標だけ設定しても実行が伴いません。ですから，持続可能な社会の担い手を育む必要があります。それが持続可能な開発のための教育（Education for Sustainable Development）です。これも頭文字をとって「ESD」と略称で呼ばれます。そのESDでは，これまで確認してきたような地球規模の環境問題の解決のための方法を3つに分けて説明することがあります。一つ目は，「法規制による解決」。二つ目は，「技術革新による解決」。そして三つ目が，「価値観や行動の変容を生み出す教育による解決」。保育の分野は，もちろんこの3つのどれとも関係があるのですが，特に「価値観や行動の変容を生み出す教育」という分野での期待値が大きいと考えるのが自然です。

では，ヒト以外の多種多様な生命や物質や現象そのものへの価値観，そしてそれが在り続けることへの価値観や行動が変容するにはどうしたらいいでしょうか。そのためには，これまで（特にグレート・アクセラレーションが起きたといわれるこの70年間），私たちヒトがどのようにノンヒューマンのことを見てきたかを理解する必要があります。先ほど資本主義との関係を考えた通り，この70年間，私たちヒトは自然生態系から多くを収奪し利用し，ヒトの衣食住が豊かになるものを生産することに力を注いできました。そこでは，私たちはノンヒューマンを「資源」としてみなしてきました。もちろん，個別ケースとしてはノンヒューマンを隣人としてみなす暮らしがあったり，神や精霊としてみなす伝統行事や習慣が残っていたりしますが，現代社会の大きなシステムである資本主義はノンヒューマンを資源としてみなすことが一つの特徴であるといえると思います。または自然生態系そのものを商品やサービスとしてみなすことも特徴であるといえます。今行われている環境政策の多くも「資源管理」という視点での政策が多く見られます。ノンヒューマンを資源とみなす社会の特徴は，価値の見出し方にも表れています。ヒトにとっての有用性を意味する「使用価値」が大きくなっているのです。樹木はそこに生きているだけでは市場での価値は低く，伐採・製材・加工されテーブルという商品として流通に乗った時，初めて市場において高い価値が見出されるのです。同じように毒成分を含むキノコも市場では使用価値を低く見積もられますが，料亭で提供されるようなキノコは市場での使用価値が高く見積もられたりもします。

　では，そのようなノンヒューマンを資源としてみなし，ノンヒューマンを使用価値で判断する傾向が強まっている現代社会が変容してゆくには，どのようなプロセスが必要でしょうか？　先ほども触れましたが，私たちヒトという生命が生きてゆくには，他の生命や物質が必要です。ですから，資源としてみなすことは生命の原理原則として大切な要点です。ですから，使用価値を見出すことは生命の原理原則として大切なことです。しかし，それに偏り過ぎたという振り返りは必要です。ルールをより強化し，規制や管理を強めることだけで，ノンヒューマンや自然生態系と上手くつきあってゆこうというのはちょっと虫がいい話です。私たちヒトは，社会基盤を強固にするだけで健全に生きてゆけるような生命ではありません。映画を観たり誰かといっしょに美味しいものを食べたりすることに代表されるように，よりよく生きたいという性質をもっています。ノンヒューマンを「資源」とみなすことが強くなればなるほど，この先資源が枯渇し制限が強まらざるを得ない時代は楽しみがなくつまらない暗黒の時代となってしまいます。ですから，私たちは前向きに変容することが必要なのです。それには，ノンヒューマンを「資源」とみなす以外に，どうみなすことができるか考える機会が必要なのです。できれば，ものの見方が定まっていない幼少期に！　さて，ここで，みなさんも考えてみてください。

Work 1

ノンヒューマンを「資源」とみなす以外に，どうみなすことができるでしょうか？
私たち大人はものの見方が定まってきていますから，なるべくいろんな人と考え合うことが大切です。

例えば，ノンヒューマンを「隣人」としてみなす。例えば，友人・同居人・家族・パートナー・神・精霊・いのち・父・母・兄弟・生まれかわり……。このような捉え方は，前近代的であり，私たちはもうそこへ戻ることができないと指摘される向きもありますが，本当にそうでしょうか。ノンヒューマンを資源としてみなす教育を人生の早い時期から始めるのではなくて，ノンヒューマンを「ケアし合う存在」としてみなす教育がまず人生の始まりの時期に丁寧に行われたらどうなるでしょうか。ヒトの数が増え世界中の人がつながる時代に光が当たっている「多様性」や「相互依存」という概念を，ヒト同士の関係の中だけで教育していても限りがあります。ノンヒューマン同士，ノンヒューマンとヒトの間にこそ「多様性」や「相互依存」をシンプルに，そして豊かに見出せることに私たちは気付くでしょう。決して「資源」とみなすことが悪いのではなくて，「資源」とみなすことが強まってきたことで生み出されている問題を解決するためには，「ケアし合う存在」としてみなすことをしっかりと教育の中に織り込んでゆくことが，前時代的なのではなく，未来志向として大切だと考えることもできるのです。

同じようなことが，ノンヒューマンが存在することの価値に対してもいえます。短期的な視点で見れば，食べることができたり，使うことができたり，市場で高値で取り引きされることに価値があることは事実です。しかし，長期的に見た時に初めて浮かび上がってくる価値があります。その生命や物質が存在していることそのものに価値があるという「存在価値」という概念です。目の前のキノコが食べられるかどうかという使用価値は，短期的に見て大切な価値です。でも，ヒトにとって有毒であるキノコが存在していることが，地球という大きな生態系で考えた時とても大切なのだという存在価値は，長期的に見てとても大切な価値だといえます。「使用価値」に偏りすぎた結果生み出された問題を解決するには，「存在価値」を見出し大切にしてゆくことを，教育に織り込んでゆくことが大切です。現在，環境問題のような大きな課題に向き合ってゆくための課題解決能力を養ってゆく必要があるという，課題解決型学習の必要性が叫ばれています。幼児期における教育にもその影響は及んでいます。確かにそれは必要なことかもしれませんが，もっと根本のところでノンヒューマンへのまなざしや態度を豊かに養うことの重要性が，環境の現代的な課題から浮かび上がってきているのではないでしょうか。もちろん，ノンヒューマンはヒトにとって不都合や厄災をもたらすことがあります。そこをロマンチックに覆い隠してゆく教育に偏れば，現実世界とのギャップを生み，教育が機能しない可能性が高まります。そこの配慮は必要でしょう。

6　私たちの世代が初めて取り組む保育の実際を考えてみよう

ここまで，環境に関する現代的な課題について，いくつもの問いをくぐり抜けてきましたが，そろそろ終盤です。

Work 2

ノンヒューマンへのまなざしや態度を豊かに養うような教育や保育の実際は，どのようなアイディアや提案が考えられるでしょう？　考えを出し合ってみてください。

参考までに，私が考えたアイディアや提案を書いておきます。

〈子どもと共に……〉

・ノンヒューマンについて調べてすぐにわかるような問いだけでな

く，正解がすぐに出ないような問いや想像を大切にする。
（例：「どうして生きているものはみんな死んじゃうの？」）

・生命を理解する時にいつも科学的な図鑑を利用するのではなく，アニミズム的な物語を通して理解しようとしたり，音楽やアートなどを通して直観的に理解しようとすることも取り入れる。
・より上手により多く収穫できる畑だけでなく，より多種多様な生命が生きている畑を取り入れる。
・こんなにたくさん獲れたねという喜びだけでなく，植物とヒトの相互依存を感じる。
・全てを収穫して食べてしまう体験にするのではなく，1株だけでも実り熟し枯れ生命がつながれてゆくまでの生命のサイクルを共にする体験をする。
・食べられる実がなる樹木を植栽するだけでなく，生態系の中で異なる役割を果たしている樹木を植栽する。
・雨が降ったり風が吹くことによって活気づく生命の様子に出合う。
・雨水をなるべくすみやかに流してしまうだけでなく，雨水を一時的に預かることの豊かさに出合う。
・ヒトの予定や計画に合わせるだけでなく，時には天候や気候に合わせて動いてみる。
・有毒な昆虫や植物がヒトにとって危険や不都合なことを一方的に教えるだけでなく，不都合ではあるが生きていることについて，子どもと丁寧に対話する。
・ノンヒューマンとヒトの違うところに気付くだけでなく，ノンヒューマンとヒトの共通点探しを丁寧に行う。
・ケースやゲージの中で生きていることを当たり前とせずに，時には子どもたちとそのいのちにとってのウェルビーイングについて対話してみる。
・食べられるや使えるだけでなく，ノンヒューマンの中に美しさや均整さのパターンを見出してみる。
・微生物などの見えない生命を実感する体験をする。
・ノンヒューマンをケアするような発言や物語も取り入れてゆく。

〈大人同士で……〉

・園の一角にバイオトープがあるというデザインから脱却し，園全体がバイオトープであるというデザインを考える。
・いわゆる5領域にとらわれず，「いのち」「循環」「多様性」「共生」など，地球規模の環境課題が山積する時代の新たな領域を，園独自に設定してみる。
・「生きる力」に偏りすぎず，「生かされていることに気付く力」に着目する。
・自身の育ちの中で経験・体験してきた自然や生命の捉え方にこだわりすぎないように，ノンヒューマンとの出会いを豊かにしてくれる専門家とつながる。
・知ることの有益性と感じることの重要性の「バランス」について，正解探しをせずに大人同士で定期的に話し合う。
・ノンヒューマンを理解するための大人用の本棚に，図鑑やハウツー本やガイドブックだけでなく，ノンヒューマンをモチーフとした写真集や画集・詩集・小説などをそろえる。
・プラネタリーバウンダリーや地球規模の環境課題について学ぶ機会を定期的に設ける。
・園や自分の暮らしが持続可能であるかどうかを確認してみる。
・自園だけでかなわない自然環境は，無理に整えようとしたり，あきらめるのではなく，地域の中で探す。場合によっては複数園（学校も含む）によるコモンズ（共有地）として共有する。
・園で消費している資源がどこから来ているのか確認する機会を定期的に設ける。
・子どもの動線を考え意味づけしてゆく園庭のデザインだけでなく，ノンヒューマンの生態も考え意味づけする園庭のデザインを考える。
・子どもにとっての利益，職員にとっての利益，保護者や地域の人の利益を考えるように，園内や園周辺のノンヒューマンにとっての利益を考え話し合う。

ここまで，環境における現代的課題と保育の関係について，みなさんと一緒に考えてきました。いかがでしたか？　なんとも大きくつかみどころのないような感じがしたかもしれません。目の前の子どもの行動や，子どものグループの動きについて，理解を深め，実践を行い，また理解を深めてゆくことは保育の大きな醍醐味です。この章で扱った話は，そのような保育の醍醐味にすぐつながるように思えず，なんだか遠い話だと感じたとしても無理はありません。しかし，ここで考えてきたことは，これからの時代，全ての保育の実践のベースとして大切になってくる話です。

「子ども主体の……」

「子どもを真ん中にした……」

「子どもの権利を尊重し……」

現在の保育や子どもの育ちが語られる時，このようなフレーズが私たちの目や耳に飛び込んできます。もちろん現在の保育の実践において，これらの考え方が重要なことはいうまでもありません。しかし，保育というヒト社会の営みは，大切だからという理由だけで成り立つわけではないのです。ウィルスのほんの1種であるCOVID-19が流行しただけで，ヒト社会は大いに揺らぐほどに弱く，地球という奇跡的な生命維持システムのはたらきがあってこそ成り立っているのです。そして，そのシステムのはたらきが，どうやらこれまでとは違う状況に移行してゆきそうな不安定な時期に，私たちは生きています。今のヒト社会が，大いなる安定の上に成り立っているのであれば，私たちは自分が受けたような保育や教育の実践をこれからの子どもたちにも行えばいいでしょう。しかし，そうではありません。環境における現代的課題は，私たちに保育や教育の変容を大いに促しているといえるでしょう。

「子ども主体の……」

「子どもを真ん中にした……」

「子どもの権利を尊重し……」

というヒト中心の価値観や行動に基づいた保育から，

「他の生命も主体であり，子どもも主体である……」

「いのちを真ん中にした……」

「子どもの権利に併せて，ノンヒューマンの権利も考えた……」

といういのちや地球が続いてゆく価値観や行動に基づいた保育へという変容を促しているのです。

みなさんはこの時代に生まれ，その変容を体感しながら実践してゆくパイオニアとなる人たちです。ここに全ての環境における現代的課題とそれについての考察は，とても書き尽くすことはできませんでしたが，最もベースとなる現代的課題については保育と結んでみなさんと考えてきたつもりです。どうか目の前の子どもに向ける慈しみ深いまなざしの根底に，ノンヒューマンのこといのちのことへの慈しみ深いまなざしをもつ保育者であってください。

Book Guide

・J. ロックストローム・M. クルム，武内和彦・石井菜穂子（監修），谷淳也ほか（訳）『小さな地球の大きな世界――プラネタリー・バウンダリーと持続可能な開発』 丸善出版，2018年。
私たちヒトと地球が今どのような状況に直面しているのか，これからの時代何を大切に歩んでゆけばよいのか，2015年に国連で採択されたSDGsの基礎となった概念「プラネタリー・バウンダリー」について解説されています。

・アノニマ・スタジオ（編）『暮らしのなかのSDGs――今と未来をつなげるものさし』KTC中央出版，2020年。
続いてゆくことができる社会（持続可能な社会）をつくるための世界共通の目標，それがSDGs。では，そのSDGsを「わたくしごと」にするために，どんなことからどんなふうに考えてみたらいいだろうか？　そして私に何ができるだろうか？　そんなSDGsはじめの一歩におススメです。

Exercise

1. スズメバチやムカデや有毒なキノコなど，ヒトにとって不都合をもたらすことがあるものが，身の周りに存在していることに価値があることを，どんなふうに子どもたちと分かち合うか，複数人のグループで互いに伝える実習をやってみましょう。
2. ノンヒューマンが存在することを大切に想う絵本や物語を持ち寄って，紹介し合ってみましょう。
3. 持続可能な保育所や幼稚園やこども園の絵を，複数人のグループワークで描いてみましょう。

第 13 章

共に環境を創造する「創り手」としての子ども・保育者・保護者の育ち合い

ケヤキの葉をたっぷりと纏ったミノムシが，静かに子どもたちの傍らで暮らしています。ミノムシにとってケヤキの葉は，衣服や，住まいのような役割を果たしているように見えます。
ミノムシは，ケヤキとの共生を重ねる中で，あるときにはケヤキを衣服にし，またあるときにはケヤキを住まいにしています。
さて，あなたにとって「ミノムシにとってのケヤキの葉」にあたるものは何ですか？　それは，あなたの暮らしのどんな場面で，どのように活きてきますか？

ケヤキは，春先に緑の葉を芽吹かせ，夏の暑い盛りに涼しい木陰を作ってくれます。ケヤキと共に暮らす子どもたちは，その木陰で涼を感じながら暮らしています。秋には真っ赤に紅葉し，私たちの心を感動させてくれ，カラカラに乾いた落葉を集めれば，フカフカのベッドになり，焚火をすれば美味しい焼き芋も焼けます。幹は硬く，家具や建具としても重宝します。

私たちにとってケヤキは，単に自分の外側にある“自分ならざる”物という考え方をすれば，「環境」の一部分でしかありません。しかし，「私」にとって“活かしようがあるもの”として向き合ってみると，「環境」と「私」の「」が外れて，環境と私の対話的な関係が動き出します。

そのような関係が動き出した時，子どもも，あなたも，保護者も環境を共に創造する「創り手」になるのです。

1　子どもと保育者が一緒に創る環境

保育者が子どものことを考えて，環境を作っていく。それはとても大事なことです。その実践をさらに深めて，保育者と子どもが一緒に環境をつくっていく。さらには，そこに保護者も加わっていく。実際に，そうした環境創りを行っている和光保育園の鈴木秀弘さんによるエピソードを，まずはお読みください。

Episode 1　周りの環境を使いこなせるようになる（その1）：美しい風景

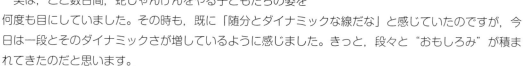

ある肌寒い朝のことです。私が，用があって青空広場（園庭の入口にある木製空中デッキ）を通って2階に上がろうとしていると，園庭から賑やかな声がしてくるので，覗き込んでみたら，園庭いっぱいに描かれた白線が目に飛び込んできました。

その白線は，どうやら「蛇じゃんけん」の為に描かれた線のようです。

園庭のこちら側と向こう側から勢いよく子どもたちが飛び出しては，線を辿ってぐるぐると走っています。

それにしても，随分と複雑でダイナミックな線です。本当に蛇が動き回った軌跡のように，活き活きさを感じます。

私は，子どもたちが引いたその白線を目で追いながら，子どもたちがその白線を描いた時に想いを馳せました。

実は，ここ数日間，蛇じゃんけんをやる子どもたちの姿を何度も目にしていました。その時も，既に「随分とダイナミックな線だな」と感じていたのですが，今日は一段とそのダイナミックさが増しているように感じました。きっと，段々と“おもしろみ”が積まれてきたのだと思います。

子どもたちは，いつもならお互いに息の届くような距離感で陣地を構えて線を引きますが，その“いつも”を逸脱したところにおもしろみを感じているのだと思います。

「坂の上までいっちゃおうか」「うんていぐるっとまわっちゃう？」という心の声が聞こえてくるようです。

なにより，自分たちなりの“おもしろみ”を自分たちで創っていくことこそが，子どもたちの楽しみであり，遊びそのものを躍動させているように感じます。

また，毎回更新されていく白線なので，今描かれたものは，二度と同じものにならない儚さも，今を一層輝かせています。

ふと，子どもらに目を戻すと，えりき君が向かう先に，ドラム（電線を巻き付けるための木製ドラムを，電気屋の保護者からもらった）が置いてあることに気付きました。ドラムはビールケースと木製デッキに挟まれています。えりき君はそこまで走っていくと，ビールケースからドラムに乗り，そのドラムを転がして向こう側のデッキに降ります。そこには，ゆうと君が待ち構えていて，じゃんけんが始まります。その周りには，その様子を楽しそうに見ている男の子たちがいます。その子たちは，蛇じゃんけんに参加しているというよりは，ドラム渡し場を取り仕切っているようです。

私は，今度はそのドラム渡し場の子らに魅せられて，しばらく行き交いを見ていたら，えりき君のようにドラムに乗って行ける子ばかりではないのに気付きました。そうすると，たくみ君が「ダメだよ！　これにのっていくんだよ！」と言っています。しかし，「え～むり～」と言葉が返ってくると「じゃあしょうがないな～」とたくみ君は呟きながら，ビールケースを近づけて，ドラムを転がさなくても渡れるようにしてくれます。その逆もあり，長い距離を渡らされる子もいます。

和やかに，遊びが動き，柔らかに遊びの形が変わっていく様子が伺えます。

さらに，その傍らには，木片を積んでカメラ係をやっているあやと君としゅん君がいます。

2人は，通り過ぎる子たちにカメラを向けて，「かしゃかしゃかしゃ」っとシャッターをきっては，「ぎゃははは」と上機嫌です。

蛇じゃんけんの白線の余白では，女の子たちが縄跳びをしています。

子どもたちが，自分たちの環境を自分たちでつくっている姿です。子どもたちの「環境創り」はまだまだ続くのですが，ここでいったん Work です。

Work 1

①子どもたちが，自分たちの環境を自分たちでつくるってこういうことじゃない？　という姿が描かれている箇所を，一つ抜き出してください。

正解はありません。みなさんが「ここだ！」と思った箇所を抜き出してくだされば十分です。

②どうして子どもたちは，自分たちの環境を自分たちでつくるということができるのでしょうか。①で抜き出した箇所を参考に，自由に考えてください。

以上の①，②を，まずは，各自で行ってください（5 分から10分）。
③「①どういった箇所を抜き出し」「②そこからどのように考えたのか」を周りの人（3 ～ 5 人）と伝え合ってください（10分ほど時間をとって，ゆっくりと）。
④最後に，クラス全体で発表してください。

Work 1 を行ってみてどうでしたか？　線を引いた場所はバラバラでしたか？　バラバラでいいんですよ。以下，秀弘さんによる考察です。

私は，目の前の園庭で子どもたちが創り出している風景にうっとりとしました。美しさを感じたのです。

その美しさは，生まれては消え，消えては生れる形（秩序）が，流動的に変化していく儚さと，たくさんの主体が織りなす調和によって創られた心地よさからくるのだろうと思います。

子どもたちは，自分たちの興味を原動力に動いています。蛇じゃんけんに参加したい子，ドラム渡し場に居る子，カメラマン，縄跳び……，それは，誰かの指示によって配置されたものではなく，それぞれが自ら選んで，好んでそこに居るのです。

遊びは刻々と変化していきます。さっき縄跳びをやっていた子が，蛇じゃんけんに参加したり，蛇じゃんけんに参加していた子がドラム渡し場に来たり，それぞれの居場所をダイナミックに移動しています。段々と，子どもたちの足跡で白線が薄くなっていきます。すると，ラインカーで白線が上書きされていきますが，新しい発想が浮かべば，さっきまでの線は捨て去られていきます。

うーん。さすが保育者という考察です。秀弘さんの言葉の中でも，「美しさ」「秩序」「流動」「興味」「みずから選ぶ」「変化」「新しい発想」「捨て去る」あたりはキーワードだと思います。

2　環境と対話する子どもたち

これらのキーワードを念頭に置きながら，さらに別の Episode 2 を読み，自分たちの環境を自分たちで創ることについて，さらに考えてみましょう。

Episode 2　周りの環境を使いこなせるようになる（その２）：線を描く道具

さて，「蛇じゃんけん」ではラインカーを使って石灰で描かれた白線でしたが，その他にも子どもたちに用いられる園庭に線を描く道具があります。それは，水です。

ある春の日です。この日は十字鬼をやるために水で線が描かれました。和光保育園ではよく用いられる道具なのですが，先日他県から見学に来た方が，子どもたちが水で線を描く姿を見て「園庭に水で線を引くなんていい考えですね。今度私たちの園でもやってみます」と言いました。

私はそれを聞いて「水は，私たちの園庭では，線を引くのに便利な道具ですが，他所の園庭の地面ではどうかはわかりません」と答えました。

つまり，和光保育園の園庭は，裏山から流れてくる土砂の堆積でできています。風雨の度に表層の土砂は少しずつ更新されていきますが，粘土分は，生活や遊びの足圧などで固められて堆積していきます。だから，水をかけると，砂に混ざっている粘土分や土が保水して，痕跡を残しやすいのです。

これは，そういう環境の特性を知識として獲得したということではなく，生活しているうちに，環境の特性と出会い，その経験知が十字鬼をやる時に引き出されているだけのことなのです。

ですから，ここではない他所の保育園で，水を用いて線を引いてみるというのは，そういう環境との対話をおざなりにしているように，私には思えたのです。

この写真の日は，強めの春風が吹く日でした。乾いた地面の砂ぼこりが舞ってしまうので，その砂ぼこりを収めるためにも，水が役立っています。暖かな日には水を使ったおままごとや泥遊びに花が咲きます。夏の暑い日には，乾いた地面に打ち水をして涼をとります。

その度に，この地面と水の相性と出会い，湿った状態がやがて乾いていく様子と知らず知らずのうちに対話的に出会っているのです。

そういった中で，正に子どもたちは環境と対話をして園庭に線を描くのです。

春～秋頃は，晴れの日も多く，ポカポカ陽気の中で乾いた地面を潤すように水で線を描きます。しかし，雨の次の日などの園庭は湿っていて水は役に立たないので，木の棒や足で線を描きます。冒頭の蛇じゃんけんの日は，冬の真ん中で，水を触るのは気が引けるような寒い日でした。普段は，大人の道具小屋（園庭脇にある道具小屋）にしまってあるラインカーを，大人に声を掛けて引っ張り出してきて白線を描きました。

これも，子どもたちが，自分たちの環境を自分たちで創っている姿です。

ここでは「環境との対話」という言葉に注目してみます。環境と繰り返し，何度も触れ合いながら生活しているうちに，環境の特性と出会い，その経験知が蓄えられていく。そして，その経験知が，別の生活の場面で，似たような環境と出会った時に引き出される。そのことを秀弘さんは「環境との対話」と呼んでいます。

それでは，ここでも Work 2 を行い，先ほどの Episode 2 を深めてみましょう。

Work 2

①みなさんが，生活の中で，繰り返し，何度も触れ合っているモノや環境はありますか？　スマートフォンなどの人工物ではなく，水・土・野菜などの自然物か，手仕事や運動に使うような道具がよいと思います。
②①で挙げたモノ（道具）や環境と，繰り返し，何度も触れあう中で，みなさんが蓄えた経験知は，どのようなものですか？
③②で挙げた経験知が，別の生活の場面で，似たような環境と出会った時に引き出された。という経験はありますか？　あったら記してください。

まずは各自で行ってください。その後，周囲の人と，「①どのようなモノ（道具)」を挙げ，「②どのような経験知」が「③どのような場面」で引き出されたかを伝え合ってください。

生活経験の状況によっては，モノ（道具）が挙げられない人もいるかも知れませんし，モノ（道具）が挙げられても，別の場面で引き出された経験を挙げられない人もいるかも知れません。

その場合は，無理せず，先に進んでください。

どうでしたか？　いろいろなモノが挙がってきましたか？　友達の発送に驚いて，理解が深まった人もいるかも知れません。

さて，「環境との対話」をすることは，立派な学習です。その点について，秀弘さんは，次のように考察しています。

環境や道具を身体の一部のように（その1）

こうやって，子どもたちは環境と対話をしながら，自分たちの目的に適した道具を，その都度選んで活用していきます。私は，こういう子どもたちの姿を「環境を身体化」していく行為として捉えています。

モグラは土の中で生活をしています。土にトンネルを掘り進み，蟲(むし)を食べて生きています。その為に必要な道具として，自らの手をシャベルのように進化させてきました。メジロは花の蜜を吸うのに適した長くて細いくちばしを獲得しました。昆虫たちも身を守るために姿を変え，身体の色を馴染ませたり，甲羅を厚くしたり，顎を強くしたり，足をバネのようにしたり，「身体を道具化」して環境に適応して生きています。

しかし，その道具化された身体は，自らの身体に適した環境があってこそ力が発揮されるものです。モグラは土の中以外では，優れたシャベルは活かせません。メジロも花がなければ長くて細いくちばしを活かすことができません。

人間はどうでしょうか。赤道直下の海抜０メートルの灼熱の環境から，標高何千メートルの寒冷地まで，その環境に適するための道具を，身体の外に作り出し，様々な環境でも生活することができます。

暑さをしのぐ日よけ，寒さをしのぐ衣服，狩りや食事の道具など，その環境に適した道具を，環境と対話をしながら生み出してきたのです。

つまり，他の動物は，身体自体を道具化したのに対し，人間は身体の外に道具を作ったことで，地球上のあらゆる「環境に適することができる」という特性をもっているのです。

ここで一度，秀弘さんの考察を切ります。「環境を身体化する」という言葉は，とても大事な言葉です。秀弘さんは「その環境に適した道具を，環境と対話しながら生み出してきた」「他の動物は，身体自体を道具化したのに対し，人間は身体の外に道具を作った」と書いていますが，これらは非常に重要な考察です。

こうした人間の特性を教育学的に考察したのは大田堯です。大田は，①道具とは，人間にとっては，身体に埋め込まれていない器官，すなわち身体外器官である，②人間は，そうした道具を，みずから選ぶことによって獲得し，器官のように使いこなすことで環境に適応する，と述べています[1]。

いささか難しい世界観かも知れません。後ほど，Work３を通じて，この世界観に慣れてもらいますが，ここでは秀弘さんの考察を読み進めます。

環境や道具を身体の一部のように（その２）

身体の外に道具を作ったことで，地球上のあらゆる「環境に適することができる」という人間の特性を大きく育てる必要があるのだと思います。ですから，身体の成長と，環境を切り離して育てるのではなく，身体と環境を対話させながら，「環境を使いこなせるようになる身体」，もっというと，「環境を自分の身体のように使いこなせるようになる」という視点をもって，人間としての子どもたちの育ちを捉えなければならないのだと思うのです。

➡1　大田堯「選びながら発達することの権利について――教育における人間の問題」『教育』**20**（１），1970年，pp. 6-23。
　大田堯「人間が発達するとはどういうことか」『発達と教育の基礎理論（岩波講座　子どもの発達と教育〈３〉）』岩波書店，1979年。

例えば，和光保育園の子どもたちは，ジョウロやボトルに水を汲んで十字鬼の線を描きますが，それはジョウロやボトルや水という道具が，子どもたちにとって扱いやすい道具だから用いられていると考えます。

子どもたちにとってジョウロやボトルや水は，十字鬼の線を描く以外にも，生活や遊びの中でたくさん出会っている道具の一つです。畑の植物に水を撒くだけの物ではありません。

特に水は，私たちの命を支えるものです。水がなければ生きていけません。日常の生活で，口に入れ，身体を洗い，おままごとの材料として用い，砂や泥と合わせ，器を満たします。暑い夏にはプールや池で身体を丸ごと任せれば，火照りを冷ましてくれます。寒い冬は，バケツにはった氷が遊び道具になり，冷たいながらに溶けていく様子とも出会います。焚火にかけたやかんの水は，やがて湯気を出して沸き立ち私たちの身体を温めてくれます。ジョウロやボトルはその水と相性がよい道具です。畑や自分たちの目的の地まで水を運ぶ為に何度も用いられます。

子どもたちは，そういう経験の中で，ジョウロやボトルや水と多面的に多重的に出会ってきたので，その物の可能性を容易に引き出すことができ，必要な時に活用できるのです。

もし，ジョウロやボトルや水という道具が，子どもたちが容易に使える道具ではなかったら，こうはなりません。

一方で，ラインカーは，普段は大人の道具小屋にしまってあり，子どもたちが自由に扱えるものではありません。ラインカーを小屋にしまっているのは，石灰に限りがあるということもありますが，それ以上に便利な道具なので，それ故に，子どもたちの思考や工夫を妨げるものにも成り兼ねないという思いがあるからです。

ですから，子どもたちは，「十字鬼やりたい」と仲間で湧きたった時に，いちいち大人に「十字鬼やりたいからラインカー貸して」と頼みに行くよりも，ジョウロと水の方が，手っ取り早いという判断もあるのだと思います。

それが，水で良い時もあれば，棒が良い時もあり，ラインカーでなければならない時もあるのです。子どもたちは，その都度，自分たちの目的と環境と対話しながら適した道具を選んでいるのです。

こうやって，子どもが水やジョウロやボトルと多面的・多重的に出会い，様々な可能性を引き出せるようになって，自分たちがやりたいと思った時に容易に引き出せるようになることを，「環境を身体化する」という言葉で捉えようとしています。つまり，手で水を掬うようにジョウロやボトルを扱い，足跡を残すように水で線を描く。

それは，身体でやる以上に環境や目的に適したやり方です。そうやっているうちに，いつしか身体が道具や環境に馴染んでいくのだと思います。

さらにいうと，線を描く園庭の地面も子どもたちは自分の身体の一部分のように扱っています。水で描けることを知っているからです。これは頭で知っているというよりは，身体に染みついていくことなのだと思います。今までの経験の中で，土や水と身体で対話して身につけてきた知恵なのです。

ここでも「目的と環境と対話しながら適した道具を選ぶ」，「（道具を）自分の身体の一部分のように扱っています」といった重要な考察が出てきました。この考察は，先に述べた大田堯の世界観に通じるものです。

Work 3 を通じて，この世界観に慣れましょう。

Work 3

①「目的と環境と対話しながら適した道具を選ぶ」，「（道具を）自分の身体の一部分のように扱う」とはどういうことでしょうか。Work 2 と同様に，皆さんの経験から考えてみましょう。部活やサークルでの出来事，バイト先での出来事，何でもいいです。

自分の体の一部分のように道具を扱えるようになった経験，目的と環境と対話しながら適した道具を選んだ経験，何でも挙げてみてください。Work 2 で挙げた経験と同じものでも構いません。

②①で挙げた経験では，あなたは，どのような目的を果たそうとしましたか？　また，どのような環境に置かれていましたか？どのような道具の選択肢がありましたか？　そして，どんな道具を選びましたか？

難しいワークですので，あらかじめ，ヒントを出します。スポーツをしていた人であれば，ラケットやバット，竹刀などを思い浮かべれば，考えやすいと思います。

楽器をやっていた人であれば楽器を，絵を描いていた人であれば絵筆を，料理が好きな人であれば調理器具を，それぞれ思い浮かべれば考えやすいと思います。

3　大人と子どもの響き合い

さて，和光保育園では，「目的と環境と対話しながら適した道具を選ぶ」「道具を自分の身体の一部分のように扱う」という生活を，子どもだけでなく，保育者もしています。というより，子どもと保育者が一緒になって，そんな生活をしています。

さらには，そんな生活に保護者も加わっていきます。次のエピソードをお読みください。

Episode 3　周りの環境を使いこなせるようになる（その 3）子どもと大人が響き合って

園庭の土を30センチ程掘ると黒い粘土の層が出てきます。子どもたちはその粘土を掘り出しては，遊びに活用していますが，その粘土で，レンガを作って焼いてピザ窯を作ろうと，保護者たちが盛り上がりました。これは，20年前から行っているわこう窯の活動の流れからくるものです。

わこう窯は，当時のおやじの会たちが，子どもたちの食事を，自分たちで焼いた皿で食べさせたいと始めたものです。素人集団で始めた陶芸なので，最初は窯が壊れたり，温度が思うように上がらずに，それでも諦めずに15年も続けてきました。どうしたら，自分たちの思い描く皿が焼けるのかと，悪戦苦闘している時に，なんと瀬戸市で陶芸の経験を積んできたという，陶芸家の江口さん親子が入園してきてくれたのです。「あんたのような人が来るのを，ずっと待っていた」。これはおやじの会が江口さんに最初に掛けた一言です。毎年，薪を小屋いっぱいに用意するだけでも苦労があるのですが，おかげで，皿や湯呑が焼けるようになって，子どもたちが使わせてもらっています。

そのわこう窯で，数年前から話題に上がっていたピザ窯作り用のレンガを焼いたらどうか，という発想が生まれました。しかも，子どもたちが普段使っている粘土で，レンガも作れるということを子どもたちが知ったら驚くのではないかということまで話題に上がりました。そういうことに大人たちがおもしろみを感じるところがうれしいことです。

しかし，園庭の粘土でレンガが本当に焼けるのか誰も知りません。そもそもレンガに適した土なのかわからないということです。

そこで，団子を作って七輪で焼いてみたり，レンガのサンプルを作って窯で実際に試し焼きをしてみたら，焼きあがったレンガは，実に綺麗な赤色をしていて，強度的にも大丈夫そうということになり，園庭に大穴が開くほど粘土を掘り出して作ったレンガは250丁程。いよいよ窯で焼きしめて，さらにピザ窯が完成したのは構想も含めて 4 年越しの活動の末でした。

エピソードは以上です。このまま秀弘さんによる考察をお読みください。

手の届くところに生活がある

改めて，子どもがやっていることも，大人がやっていることも同じような気がします。それは，自分たちなりのおもしろみをもとに，自分たちなりに身の回りの環境と対話をしながら，自分たちなりのおもしろみを創っていくということです。それは，他者から与えられたものではありません。

その為には，自分たちなりに自由に扱える環境や道具がなければなりません。

そこで意識しているのが「手の届くところに生活がある」ということです。

子どもたちが日中のほとんどを過ごす保育園ですから，その環境が，誰かの許可なしに手を出せないものばかりで構成されていたら，子どもたちは「自分たちなりに」を磨くことができません。

さらに，ただ自由に扱える環境があったとしても，子どもたちの発想だけに任せていては，多面的な可能性を引き出すことはできません。

そこで，大人たちは自らがモデルとなって生活をする。掃除や食事の支度の中にかっこいい姿があり，子どもたちはその姿に触発されたら，自分のやってみたいことに，すっと手を伸ばして試すことができる。時には，ピザ窯のように，ダイナミックに環境を創り替えることもあります。まるで，大人ってすごいだろ！　自分たちで自分たちのおもしろみを創っていくって楽しいぞ！　と語っているような姿です。その言葉に子どもたちも，子どもってすごいだろ！　と返してくれて，お互いに可能性を引き出し合っているのです。

それが，随分と背伸びをしなければならないものではなく，手の届くところにあるということ，手の届くあたりの塩梅で営まれていることが大事なのだと思います。

環境を自分の身体のように扱える人たちと，この環境を使って，どんな新たなおもしろみを引き出していけるのか，楽しみな日々が続きます。

先ほどまでは，「目的と環境と対話しながら適した道具を選ぶ」と述べていました。ここでは「おもしろみ」という言葉が加わっています。そして，「環境を創っていくということは，おもしろみを創っていくということだ。そして，そのおもしろみを創っていく際に，自分たちなりに身の回りの環境と対話をするのだ」と述べられています。

「おもしろみ」というのは，子どもも保育者も「創り手」として環境づくりに参加できることの秘訣だと思います。

もうひとつ，「手の届くあたりの塩梅」も秘訣です。

ここにも身体（からだ）がかかわっています。ここで秀弘さんが言わんとしていることは，身体に無茶をさせないということです。身体の声をうまく聞くことで「手の届くあたりの塩梅」に収まる。だからこそ，子どもも，保護者も環境づくりに参加できる。この点が，秘訣の 2 つ目だと思います。

以上「環境を使いこなす」「環境を身体化する（身体の一部にする）」「自分たちなりのおもしろみを創っていく」といったキーワードを通じて，子ども，保育者，保護者の育ち合いについて考えてきました。みなさん一人一人が「自分なりのおもしろみ」を保育の中に感じられることを願っています。Book Guide に紹介されている本などを読みながら，そして，Exercise をしながら，さらに考えてみてください。

Book Guide

- **鈴木まひろ・久保健太『育ちあいの場づくり論――子どもに学んだ和光の保育・希望編』ひとなる書房，2015年，鈴木秀弘・和光保育園職員・森眞理『響きあういのちの躍動――子どもに学んだ和光の保育・葛藤編』ひとなる書房，2015年。**

  子ども・保育者・保護者が育ち合う和光保育園の実践について，より深く知ることができます。
- **大田堯『ひとなる――教育を通しての人間研究（大田堯自撰集成第 4 巻）』藤原書店，2014年。**

  大田は「人間とは何か」「教育とは何か」を考え続け，①道具とは，人間にとっては，身体に埋め込まれていない器官，すなわち身体外器官である，②人間は，そうした道具を，みずから選ぶことによって獲得し，器官のように使いこなすことで環境に適応する，と述べました。大田自身のわかりやすい言葉で，それらの点が述べられています。

  本章では「選びながら発達することの権利について」（1970年），「人間が発達するとはどういうことか」（1979年）での考え方を参考にしましたが，この 2 つの論文が揃って収められています。

Exercise

「子どもとともに生活する（暮らす）場を，自分たちで描いてみよう！」

本章のテーマは「創り手」としての，学生みなさんの育ち合いです。不器用でも良いので，というより，むしろ不器用なままを存分に発揮して“自分たちなりに書いてみる”ということをしてみてください。

場は，園庭でも，保育室でも，構いません。

ただし，ルールとして「自分で（独りで）」ではなく，「自分たちで（複数人で）」描いてください。

「自分たち」のメンバーの中に，保育者の視点，保護者の視点，子どもの視点を加えてください。それぞれの役に分かれて行えば，描きやすいかもしれません。

実際に，子ども，保育者，保護者で環境を創っていくという作業を体感してみてください。

《**執筆者紹介**》（執筆順，担当章）

久保健太（くぼ・けんた）はじめに，第１章，第13章
　編著者紹介参照。

宮里暁美（みやさと・あけみ）第２章，第７章
　編著者紹介参照。

鎌田大雅（かまだ・たいが）第３章，第８章
　現　在　奈良教育大学附属幼稚園。

松本信吾（まつもと・しんご）第４章，第９章
　現　在　岐阜聖徳学園大学教授。
　主　著　『身近な自然を活かした保育実践とカリキュラム――環境・人とつながって育つ子どもたち』（単著）中央法規出版，2018年。
　　　　　『倉橋惣三を旅する　21世紀型保育の探求』（共著）フレーベル館，2017年。

佐々木晃（ささき・あきら）第５章，第10章
　現　在　鳴門教育大学大学院教育実践教授。
　主　著　『０～５歳児の非認知的能力――事例でわかる！　社会情動的スキルを育む保育』（単著）チャイルド本社，2018年。
　　　　　『保育内容　環境』（共編著）光生館，2018年。

髙嶋景子（たかしま・けいこ）第６章
　編著者紹介参照。

仙田　考（せんだ・こう）第11章
　現　在　田園調布学園大学，同大学院准教授。
　主　著　『教育の課程と方法――持続可能で包容的な未来のために』（共著）学文社，2017年。
　　　　　『コンパス保育内容環境』（共著）建帛社，2018年。

小西貴士（こにし・たかし）第12章
　現　在　森の案内人，写真家，株式会社ぐうたLabo共同代表。
　主　著　『チキュウニウマレテキタ』（単著）風鳴舎，2020年。
　　　　　『子どもがひとり笑ったら…』（単著）フレーベル館，2015年。

鈴木秀弘（すずき・ひでひろ）第13章
　現　在　和光保育園副園長。
　主　著　『響きあういのちの躍動――子どもに学んだ和光の保育・葛藤編』（共著）ひとなる書房，2015年。

《編著者紹介》

久保健太（くぼ・けんた）

現　在　大妻女子大学専任講師。

主　著　『育ち合いの場づくり論――子どもに学んだ和光の保育・希望編』（共著）ひとなる書房，2015年。

『保育のグランドデザインを描く――これからの保育の創造にむけて』（共編著）ミネルヴァ書房，2016年。

髙嶋景子（たかしま・けいこ）

現　在　聖心女子大学教授。

主　著　『子ども理解と援助（新しい保育講座）』（共編著）ミネルヴァ書房，2019年。

『「語り合い」で保育が変わる』（共著）学研教育みらい，2020年。

宮里暁美（みやさと・あけみ）

現　在　お茶の水女子大学教授，文京区立お茶の水女子大学こども園園長。

主　著　『０－５歳児　子どもの「やりたい！」が発揮される保育環境――主体的・対話的で深い学びへと誘う』（監修）学研プラス，2018年。

『思いをつなぐ保育の環境構成』（編著）中央法規出版，2020年。

新しい保育講座⑨
保育内容「環境」

2021年３月30日　初版第１刷発行　〈検印省略〉
2022年12月25日　初版第４刷発行

定価はカバーに
表示しています

編著者　久　保　健　太
　　　　髙　嶋　景　子
　　　　宮　里　暁　美
発行者　杉　田　啓　三
印刷者　藤　森　英　夫

発行所　株式会社　ミネルヴァ書房
607-8494　京都市山科区日ノ岡堤谷町１
電話代表　(075)581－5191
振替口座　01020－0－8076

亜細亜印刷

ISBN978-4-623-09039-6
Printed in Japan